Dierk Spreen
Upgradekultur

XTEXTE

Editorial

Das vermeintliche »Ende der Geschichte « hat sich längst vielmehr als ein Ende der Gewissheiten entpuppt. Mehr denn je stellt sich nicht nur die Frage nach der jeweiligen »Generation X«. Jenseits solcher populären Figuren ist auch die Wissenschaft gefordert, ihren Beitrag zu einer anspruchsvollen Zeitdiagnose zu leisten. Die Reihe X-TEXTE widmet sich dieser Aufgabe und bietet ein Forum für ein Denken »für und wider die Zeit«. Die hier versammelten Essays dechiffrieren unsere Gegenwart jenseits vereinfachender Formeln und Orakel. Sie verbinden sensible Beobachtungen mit scharfer Analyse und präsentieren beides in einer angenehm lesbaren Form.

Dierk Spreen (PD Dr.), Soziologe und Politikwissenschaftler, arbeitet zu Allgemeiner Soziologie, Medienkultur, Gewalt und Krieg in der Weltgesellschaft sowie zur Technisierung des Menschen.

Dierk Spreen

Upgradekultur

Der Körper in der Enhancement-Gesellschaft

[transcript]

Bibliografische Information der Deutschen Nationalbibliothek
Die Deutsche Nationalbibliothek verzeichnet diese Publikation in der Deutschen Nationalbibliografie; detaillierte bibliografische Daten sind im Internet über http://dnb.d-nb.de abrufbar.

Umschlaggestaltung: Kordula Röckenhaus, Bielefeld
Printed in Germany
Print-ISBN 978-3-8376-3008-4
PDF-ISBN 978-3-8394-3008-8
EPUB-ISBN 978-3-7328-3008-4

Gedruckt auf alterungsbeständigem Papier mit chlorfrei gebleichtem Zellstoff.
Besuchen Sie uns im Internet: *http://www.transcript-verlag.de*
Bitte fordern Sie unser Gesamtverzeichnis und andere Broschüren an unter: *info@transcript-verlag.de*

Inhalt

1 Einleitung

»Wir sind Cyborgs. Cyborgs sind unsere Ontologie. Sie definieren unsere Politik.«
DONNA HARAWAY,
EIN MANIFEST FÜR CYBORGS (1985)

Der Körper des Menschen ist nicht mehr das, was er einmal war, denn mit Beginn der Moderne und der Demokratisierung der gesellschaftlichen Verhältnisse wurde »das Leben« Gegenstand politischer Diskurse. Die »Natürlichkeit« und »Gesundheit«, die nun gefeiert wurden, mussten erst hergestellt werden. Die Körperkultur der Natürlichkeit, der Kraft und Gesundheit war eine politische Angelegenheit, in der der Leib zur Projektionsfläche staatlicher Biopolitik wurde. »Gehen, Laufen, Springen, Werfen«, so schrieb etwa Turnvater Friedrich Jahn 1810 über Volkserziehung, »sind kostenfreie Übungen, überall anwendbar; umsonst wie die Luft. Diese kann der Staat von jedem verlangen, von Armen, Mittelbegüterten und Reichen; denn jeder hat sie nötig« (Jahn 1810: 243). Mit der planmäßigen Leibeserziehung in den Schulen wurde der Staat zum Insassen des Körpers, denn die schulische Erziehung übernahm »die Vorarbeit für künftige Vaterlandsvertheidiger« (Jahn 1810: 248).

Die Durchstaatlichung und Politisierung des Körpers wurde in der nationalsozialistischen Körperkultur auf die Spitze getrieben. »Die Leibeserziehung«, so eine pädagogische Richtlinie, »führt den heranwachsenden Menschen durch planmäßige Entwicklung des angeborenen Bewegungs-, Spiel- und Kampftriebes auf dem Wege der Übung zur körperlichen Leistung und zum kämpferischen Einsatz. Sie schafft damit die körperlichen und seelischen Grundlagen für die Wehrhaftigkeit« (zit. n. Mosse 1979:

298 f.). Beeindruckt von den virilen Körperbildern nationalsozialistischer Erziehungspolitik wurde auch in den USA eine Körperpolitik in Gang gesetzt, die den durch die große Depression geschwächten »Kollektivkörper« wieder auf Touren brachte und für den Kriegseinsatz tauglich machte (Jarvis 2007).

Parallel zu dieser Politisierung des Körpers vollzog sich aber noch eine zweite Entwicklung, die erst in letzter Zeit zunehmend beobachtet wird. Bei dieser Entwicklung handelt es sich um die technologische Durchdringung des Körpers, die seit 1960, seit dem paradigmatischen Artikel zweier NASA-Mediziner unter dem Begriff »cybernetic organism« oder kurz »cyborg« verhandelt wird (Clynes/Kline 2007). Diese technologische Durchdringung zeigt sich an, wenn in Kriegsdiskursen die »Fusion von Mann und Maschine« gefeiert wird (Jarvis 2007: 270). Aber diese Durchdringung lässt sich nicht allein aus staatlich-biopolitischer Perspektive verstehen. Vielmehr handelt es sich auch um eine gesellschaftliche und kulturelle Entwicklung. Dies zeigt sich sowohl in ihren Entstehungskontexten, von denen der Krieg nur einer ist, als auch in dem derzeitigen Trend zu einer *Enhancement- und Upgradekultur*. Letzteres meint einen Wertewandel, in dem ein Optimierungsdispositiv im Vordergrund steht. Seit Ende der 1970er Jahre hat sich eine individualistische und auf Konkurrenz abgestellte »Kultur der Optimierung« (Lenk 2006) herausgebildet, die Leiblichkeit einbezieht. Diese Kultur der Optimierung oder des Upgradings stellt Deutungen, Orientierungen und Werte bereit, mithilfe derer die Menschen in der Risiko- und Individualisierungsgesellschaft ihr Leben – und ihren Leib – gestalten. Sie ermöglicht ihnen »Selbstführung« und ist damit wiederum ein (Macht-)Mittel zur Steuerung dieser Selbstführungen.

Und warum sollten die gesellschaftlichen Optimierungsimperative vor dem Leib Halt machen? Medikamentöse und chirurgische Optimierungsmöglichkeiten werden unabhängig von medizinischen Indikationen ebenso aktiv genutzt, wie technologisches Enhancement oder verdatete Leistungs- und Gesundheitskonzepte. Im Kontext einer zunehmenden technischen Reproduzierbarkeit des Körpers scheint das Individuum nun tendenziell von den Schranken seiner natürlichen Konstitution befreit. Diese technologische und körperbezogene Upgradekultur ist Gegenstand der folgenden Kulturinspektion. In dieser Kultur zeigt sich nicht nur ein neuer Zustand menschlicher Körperlichkeit, sondern sie ist vielmehr durch die zunehmende Normalisierung dieses Zustands gekennzeichnet. Der Körper ist fortan als ein technisch-organisches Gesamtensemble zu begreifen. Wir sind nicht nur lebendig; wir sind auch Technologie. Von hier aus, darin folge ich Donna Haraway, müssen menschlicher Körper und menschliche Existenz in Zukunft gedacht werden. »Wir sind Cyborgs« meint, dass der leibliche Normalzustand von der Möglichkeit seiner technologischen Erweiterung und Verbesserung her verstanden werden muss. Nicht »Gesundheit« oder »Natürlichkeit« sind die Orientierungsmarken, sondern technologische Optimierung und artifizielle Verbesserung.

Mit der kulturell inzwischen weitgehend akzeptierten technologischen Durchdringung des Körpers konstituiert sich ein bislang nicht ausreichend wahrgenommenes, neues Problemfeld. Denn der Körper ist immer auch das zentrale Medium des Zugriffs auf Menschen. Ob exkludiert, eingesperrt, eingeschränkt oder verletzt wird, ob Bewegungen beobachtet oder Stimuli zur Verhaltensmanipulation gegeben werden, immer steht der Körper im Mittelpunkt der Macht. Die leibliche Verletzungsoffenheit des Menschen ist die anthropologische Voraussetzung für Machtstrukturen; die Unhintergehbarkeit dieser Verletzungsoffenheit bedingt die der Machtverhältnisse, womit die Art und Weise der Organisation dieser Verhältnisse zu einer zentralen sozialtheoretischen Frage wird. Gewaltbewältigung, Ordnungssicherheit und Begrenzung institutionalisierter Macht stehen dabei im Mittelpunkt (Popitz 1992: 43-78). Durch die technologische Durchdringung des Körpers und den Einbau des Körpers in technologische Optimierungsdispositive ergeben sich daher für den Zugriff auf Menschen ganz neue Möglichkeiten. Ebenso wie mit der Upgradekultur die Chance auf erweiterte Möglichkeiten der Lebensrealisation besteht, besteht das Risiko einer weiteren Schleife der Verzweckung und Verdinglichung des Menschen und seines Körpers im Rahmen erweiterter Macht- und Kontrollstrukturen.

Es bereitet leider keine Probleme starke Tendenzen einer Rationalisierung auszumachen, die auf nichts anderes zielt als auf »die Steigerung der technischen Verfügungsgewalt über vergegenständlichte Prozesse der Natur und der Gesellschaft« (Habermas 1968: 99). Der Kern der Problematik liegt allerdings in der dahinter stehenden Sichtweise auf die Gesellschaft, die mit Jürgen Habermas (1968: 48-103) als eine technokratische zu kennzeichnen ist. Diese Perspektive sieht in der Steigerung der Produktivkräfte nicht mehr die Chance auf eine Entfaltung neuer Möglichkeiten des »guten Lebens«, sondern sie zielt ausschließlich auf Ablauf- und Effizienzmaximierung.

Im Folgenden wird sich allerdings auch zeigen, dass es nicht möglich ist, die Upgradekultur auf einen schlichten Nenner zu bringen. Denn weder handelt es sich ausschließlich um eine staatliche Biopolitik, noch kann sie einfach aus den Imperativen einer neo-liberalen Ökonomisierung des Sozialen abgeleitet werden. Die Vermarktung der Lebenswelten fordert ein unternehmerisches, risikobereites und aktives Subjekt – und in der Tat finden solche »neo-liberalen« Wertorientierungen in der Upgradekultur ihren Widerhall. Allerdings zeigt der Blick in die Geschichte des Upgradings und die Genealogie des Cyborgs, dass die Idee der technologischen Optimierung des Körpers sich nicht allein als ideologische Verdoppelung eines ökonomischen Strukturwandels begreifen lässt, denn wichtige Ursprünge dieser Idee finden sich in Diskursen, die mit Markt und Ökonomie im engeren Sinne wenig zu tun haben.

Daher geht es im Folgenden weder um eine Kritik des Neoliberalismus noch um eine Kritik der Biopolitik am Beispiel der Optimierung des Körpers. Allerdings werden die Motive einer Kritik des technokratischen Denkens aufgenommen, um Herrschafts- und Machtrisiken der Upgradekultur durchsichtig zu machen. Dies erfolgt aber *nicht* aufgrund einer generellen Ablehnung des Enhancements. Eine solche Ablehnung ließe sich gar nicht rechtfertigen, weil sie die Möglichkeiten der Lebensrealisierung des Menschen sowohl auf individueller Ebene wie auf Gattungsebene dogmatisch einschränkt. Es spricht anthropologisch gesehen nichts dagegen, zum Beispiel Sinneserfahrungen zu erweitern, das Leben zu verlängern, schneller und nachhaltiger zu lernen, Wohlbefinden und Gesundheit zu fördern, Leistungen zu verbessern oder neue Räume zu erschließen. Wenn aber Optimierung zu einer sozialen Zumutung wird, wenn ein Zwang zur Verbesserung die Möglichkeiten zur Realisation des individuellen Lebensentwurfs überschreibt und Upgrading ausschließlich im Dienste einer Funktionalisierung und Verzweckung der Menschen steht, wenn Cyborgerfahrungen, die nicht ins Konzept passen, negiert werden und Menschen, die nicht »optimal« angepasst erscheinen, exkludiert werden, dann ist Kritik nötig, denn mit der Realisation humaner Weltoffenheit hat das nichts mehr zu tun.

Hintergrund der folgenden Problematisierung ist jenes von Helmuth Plessner eingeführte Konzept des menschlichen Körpers, das diesen unter dem Doppelaspekt von *Leib-Sein* und *Körper-Haben* betrachtet. Diesem Konzept zufolge ist der Mensch ein Tier, welches sich von sich distanzieren kann und muss, um leben zu können. Ohne Einbettung in soziale Beziehungen, gesellschaftliche Institutionen, kulturelle Diskurse und dingliche Sachverhältnisse, die das körperliche Selbst- und Weltverhältnis regulieren, kann der Mensch für seinen Körper keine Grenze markieren. Der Mensch ist daher immer zugleich etwas Natürliches und etwas Kulturelles.

Damit kann es keinen festen Gleichgewichtszustand geben, den der Mensch – identisch mit sich selbst – einnehmen könnte. Die Fixierung in einer symbolischen Identität als »Natur des Menschen« bleibt auf immer verwehrt. Das durch diese problematische Positionalität eröffnete energetische Potential kann sich in zwei Richtungen entfalten: zum einen als Verfügung über den Körper als Instrument des Subjekts (Körper-Haben); zum anderen als Emanzipation körperlicher Vorgänge vom Subjekt (Leib-Sein).

Diese Doppelaspektivität ermöglicht es, dass Leiblichkeit sich an sich selbst äußert, ohne dass die Antwort umstandslos diskursiv auflösbar wäre. Plessner entwickelt dies am Beispiel des Lachens und des Weinens. Beide Ausdrucksformen sind Antworten des Körpers auf Situationen und Erfahrungen, in denen die Sprache versagt und die subjektive Selbststeuerung an Grenzen kommt (Plessner 1982). Aber auch die Phantomglieder der Amputierten, die eine Prothese überlagern können, stellen »widersinnige« leibliche Äußerungsweisen dar, denn Leiblichkeit äußert sich hier in einer dem Sehen und Tasten bzw. dem »perzeptiven Körperschema« widersprechenden Form (vgl. Schmitz 2011: 8 f.). Folgt man Plessners Sicht, dann müssen solche »undisziplinierten« Äußerungen des Leibes nicht sogleich als »Probleme« verstanden werden, die es unter allen Umständen zu kontrollieren gilt. Vielmehr lassen sie sich als mögliche Konstitutionsbedingungen neuen sozialen Sinns begreifen: Sie verlangen nach Interpretation und Bedeutungszuschreibung und können dabei bestehende Diskursangebote überschreiten und überschreiben.

Das Plessner'sche Körperkonzept ermöglicht es im Rahmen sozialtheoretischer oder soziologischer Untersuchungen, die leiblich-sinnlichen Erfahrungen handelnder Menschen systematisch im Zusammenhang mit ihren sozialen, kulturellen, diskursiven und politischen Bedingungen wahrzunehmen. Im Kontext der Problematisierung der Upgradekultur heißt das, dass Cyborgerfahrungen Raum gegeben werden muss. Damit ändert sich die Perspektive: Es geht nicht allein um die soziologische Rekonstruktion von Strukturen oder Funktionsweisen, sondern außerdem darum, die Möglichkeit der Erfahrung und der eigensinnigen Selbstrealisation im Blick zu behalten. Obwohl also Technologie und Humanum sich im Körper der

Cyborgs verbinden, gilt es, menschliche Erfahrung nicht lediglich als technologisches Konstrukt und Prothese einer verdateten Maschinenwelt zu begreifen. Eine solche Reduktion ist vielmehr genau die Verfahrensweise »posthumaner« und »cyberkratischer« Sozialtheorien – hierzu werden im Folgenden hinreichend Beispiele geliefert werden.

Die kritische Perspektive auf das Verhältnis von Upgradekultur und Machtstrukturen schlägt sich in dem hier verwendeten *Kulturbegriff* nieder. »Kultur« wird als Sinn- und Bedeutungsordnung inklusive damit verbundener Diskurse, Wertorientierungen, Handlungsformen und Verkörperungen aufgefasst. Gesellschaftliche Ordnungsstrukturen bedürfen demnach kultureller Orientierungsmuster, weil Menschen als weltoffene und frei handelnde Wesen nicht auf natürlich-instinktive Verhaltensregulierung vertrauen können. Kulturelle Formen sind also je spezifische Weisen menschlich-kollektiver Selbstrealisation, die als »konstruiert« aufgefasst werden müssen. Kurz: Kulturen sind sinnhaft-werthaltige Ausdrucksformen menschlicher Möglichkeiten. Sie können sehr verschieden sein; Wandel und Kontingenz sind ihnen inbegriffen. Sie stehen aber auch in einem engen Verhältnis zu Machtstrukturen, da kulturelles Orientierungswissen unverzichtbares Moment sozialer Ordnungsformen ist. Diese an der anthropologischen Soziologie und an Immanuel Kant orientierte Version eines »bedeutungs- und wissensorientierten Kulturbegriffs« (Moebius 2009: 19) analysiert symbolische Strukturen immer auch im Hinblick auf die Möglichkeiten der Realisierung und Entfaltung allgemein-menschlicher sowie individueller Potentiale und beinhaltet somit einen kritischen Blick auf soziokulturelle Machtstrukturen, da diese menschliche Entfaltungspotentiale erheblich einschränken können. Weil Macht auf Leiblichkeit verweist, achtet dieser Kulturbegriff außerdem systematisch auf Querverbindungen zwischen kulturellen Orientierungsmustern, Machtstrukturen und Körperlichkeit.

Um die *vielfältigen Konturen* der Upgradekultur sichtbar zu machen, sollen im Folgenden die verschiedenen Diskurskontexte ihres Körperdispositivs aufgesucht werden. Die ersten beiden Kapitel befassen sich mit grundbegrifflichen Erwägungen. Zunächst wird die Maschinenmetaphorik kritisch beleuchtet, welche den lebendigen Körper entweder als mechanisches Gefüge oder als informationsverarbeitendes System ansieht (»Maschine«). Anschließend wird der Cyborgbegriff in Absetzung von dieser Metaphorik genauer konturiert und in eine anthropologische Theorie überführt (»Cyborg«). Die Kapitel 4 bis 8 befassen sich dann mit verschiedenen

Kontexten der technologischen Optimierung des Körpers (»Erweiterte Realität«/Kommunikation, »Prothese«/Medizin, »Krieg«/Politik, »Weltraum«/ Raumrevolution, »Science-Fiction«/Populärkultur). Vor dem Hintergrund dieser differenten »Ursprünge« der körperbezogenen Optimierungsidee kann dann geklärt werden, wie sich die Idee der technischen Körperoptimierung gesellschaftlich generalisiert, so dass von einer allgemeinen Upgradekultur gesprochen werden kann (»Normalisierung«). Das letzte Kapitel nimmt die gewonnen Erkenntnisse in einer unter Rückgriff auf Giorgio Agamben, Bruno Latour, Helmuth Plessner und Vivian Sobchack geführten sozialtheoretischen Diskussion auf und mündet in eine beurteilende und kritische Perspektive (»Sozialtheorie«). Dabei wird ein weites Verständnis von »Sozialtheorie« zugrunde gelegt. Sozialtheorie macht theoretische Aussagen über soziale Zusammenhänge und kann wertende Stellungnahmen oder Sinndeutungen enthalten (Joas/Knöbl 2004: 9 f.).

Bei dem vorliegenden Essay handelt es sich somit um den Versuch einer Kulturdiagnose, die bei aller soziologischen Distanz doch Stellung bezieht. Sie votiert für einen kritischen Perspektivenwechsel, der niemals nur das gute Funktionieren, sondern stets auch die Möglichkeiten zur Realisierung eines guten Lebens zum Maßstab für die Bewertungen soziokultureller Entwicklungen macht. Es geht ihr dabei darum, Risikokonturen der heraufziehenden Cyborggesellschaft auszumessen, ohne die Idee des Cyborgs und damit die Möglichkeiten der Verwandlungsfähigkeit, der Weltoffenheit und der Emanzipation des Menschen aufzugeben. Vor allem Donna Haraway hat auf die Spannung zwischen den emanzipatorischen Chancen und den herrschaftstechnischen Risiken neuer soziotechnischer Entwicklungen hingewiesen. Im Anschluss daran geht es auch dem vorliegenden Versuch, die Upgradekultur auszumessen, nicht um die Verbesserung funktionaler Bezüge, sondern um die Einrichtung einer besseren Gesellschaft.

Das vorliegende Buch ist nicht ohne die Einmischungen Anderer zustande gekommen. Insofern ist es selbst ein »Cyborg«. Zuallererst gilt mein Dank Herbert M. Hurka, der nicht nur das Manuskript gelesen und nützliche Optimierungshinweise gegeben hat, sondern der mir als informierter Diskussionspartner auch der notwendige Spiegel war, um das Buch fertigstellen zu können. Zu erwähnen habe ich auch Dominik Schrage, dem ich nicht zuletzt im Rahmen unserer gemeinsamen Zeit an der Universität Lüneburg einen anregenden Austausch über die soziologische und sozialtheoretische Dimension der Problematik verdanke. Und Elisabeth von

Haebler von *Ästhetik & Kommunikation* danke ich für die Abschlussredaktion und letzte Hinweise.

Berlin, 14. März 2015

2 Maschine

> »Materie hin, Materie her, da der Leib nie derselbe bleibt und also auch nur in der Einbildungskraft als etwas Wirkliches existiert, sollte da eine wissenschaftlich hergestellte Materie nicht – die realere sein?«
> THOMAS EDISON
> JEAN-MARIE VILLIERS DE L'ISLE-ADAM, *DIE EVA DER ZUKUNFT* (1886)

Die Verwendung technischer Metaphern für den menschlichen Körper ist kein neues Phänomen. Bereits im China des dritten Jahrhunderts v. Chr. wird im *Liu-Tzu-yüan* von Automatenmenschen bzw. Androiden berichtet. Allerdings waren diese Geschichten eher moralische Parabeln, denn Modelle der Weltdeutung (Heckmann 1982: 22 ff.). Die neuzeitlich-moderne Maschinenkörpermetaphorik dient dagegen dazu, Assoziationsfelder für die Stellung des Menschen in der zunehmend technologischen und schließlich industriellen Gesellschaft zu liefern (Orland 2005).

Technizistische Körpermetaphern der Neuzeit und Moderne beziehen sich einerseits auf den historischen Stand der Entwicklung der Produktivkräfte bzw. der Technologie. Andererseits zeigen sie an, welchen Ort die Menschen in dieser Produktivitätsordnung einnehmen sollen. Insofern handelt es sich um *politisch-ökonomische Metaphern*, denen als solche eine sowohl affirmative als auch gesellschaftskritische Funktion zukommen kann. Sie sind somit Bilder, in denen soziale Ordnung unter technologischen Bedingungen reflektiert wird.

In der Regel werden diese Metaphern aus wissenschaftlich-technischen Diskursen übernommen und als Gesellschaftsbeschreibungen verwendet.

Aus soziologischer und sozialtheoretischer Perspektive ist ihr Erklärungswert daher mit kritischer Vorsicht zu betrachten. Maschinenkörper sind nicht deshalb schon real, weil darüber geredet wird und entsprechende Metaphern zur Zeitdiagnostik verwendet werden. Bei den beiden im Folgenden untersuchten Metaphern – einerseits die klassische Maschinenkörper-Metaphorik, andererseits ihre zeitgemäße informationstheoretische Variante – handelt es sich um Modelle aus wissenschaftlichen Sonderdiskursen, die auf die soziale Realität übertragen werden. Sie reflektieren dabei gesellschaftliche Veränderungen und haben zugleich einen durchaus ideologischen Charakter. Man darf sie daher nicht unkritisch als Konstituentien der gesellschaftlichen Wirklichkeit verstehen. Vielmehr ist sowohl der Herkunfts- und Diskurskontext technizistischer Körpermetaphern als auch ihr politisch-ökonomischer Sinn zu berücksichtigen.

In der Metapherngeschichte des Maschinenkörpers verbirgt sich die Geschichte der modernen Gesellschaft und ihres technologisch vermittelten Welt- und Selbstzugangs. Bereits im 17. Jahrhundert stellte sich René Descartes den Körper des Menschen als ein mechanisches Gefüge vor. »Ebenso wie eine aus Rädern und Gewichten zusammengesetzte Uhr« dachte er sich den Körper »als eine Art von Maschine [...] aus Knochen, Nerven, Muskeln, Adern, Blut und Haut« (Descartes 1993: 75). Dieser Körper funktioniert auch ohne Geist, d. h. er ähnelt einem »Automaten«. Man kann zum Beispiel beobachten, »dass Köpfe sich, kurz nachdem sie abgeschlagen wurden, noch bewegen und ins Gras beißen, obschon sie nicht mehr beseelt sind« (Descartes 1960: 45). Das Antriebssystem dieses Körpers konzipierte Descartes interessanterweise als Dampfhydraulik. Das Blut wird im Herzen erhitzt, dehnt sich aus und wird durch den erhöhten Druck in die Arterien gepresst, so dass der Körper mit Bewegungsenergie versorgt wird. Descartes sprach von »Lebensgeistern«, fügte aber in einer Fußnote hinzu: »worunter man sich selbstverständlich trotz dieses aus der mittelalterlichen Medizin stammenden Namens keine kleinen Tierchen, sondern nur die Teile einer rein materiellen Substanz vorzustellen hat.« (Descartes 1960: 44)

Bei seiner Maschinenmetaphorik standen Descartes die in der Renaissance verbreitet aufkommenden wasserhydraulischen Systeme Pate, die an vielen europäischen Höfen allerlei Wasserspiele und Springbrunnen betrieben. Bezeichnenderweise sagte Descartes nicht, woher die Hitzeenergie des Herzens kommt. Über einen Verbrennungsofen, wie ihn die Dampfmaschine als Energiequelle voraussetzt, machte er sich keine Gedanken – erst 1712 wird Thomas Newcomen die atmosphärische Dampfmaschine erfinden. Dennoch stellte sich Descartes den Körper tendenziell bereits als die Kopplung einer Antriebsmaschine mit verschiedenen Werkzeugmaschinen vor. Durch die Betonung des »große[n] Nutzen[s] für das Leben«, den das der Physik entnommene Wissen über solche mechanischen Prozesse bringen kann, verlässt die cartesianische Vorstellung des Körpers als Automaten bereits den spielerischen Bereich der Erbauung und Belustigung, aus der die Metaphorik dieser Idee selbst stammt. Es geht um eine Wissensproduktion, die den Menschen »zu Herren und Eigentümern der Natur machen« kann (Descartes 1960: 50).

So optimistisch der Blick auf die Welt auch wirkt, die Ambivalenz, die darin steckt, blieb Descartes nicht verborgen. Denn wenn Physik und Mechanik die Schlüssel zur Natur darstellen, dann könnten auch Seele und Geist sich als bloß materielle Funktionsgebilde erweisen. Eben diesen Schluss formulierte etwa ein Jahrhundert später der Arzt und Aufklärer Julien Offray de La Mettrie:

»Da nun aber einmal alle Funktionen der Seele dermaßen von der entsprechenden Organisation des Gehirns und des gesamten Körpers abhängen, dass sie offensichtlich nichts anderes sind als diese Organisation selbst, haben wir es ganz klar mit einer Maschine zu tun. [...] Ein paar Rädchen und Triebfedern mehr als bei den vollkommensten Tieren, ein Gehirn das proportional näher beim Herzen liegt und somit bei sonst gleichen Verhältnissen besser mit Blut versorgt ist [...] ›Seele‹ ist also nur ein leeres Wort, von dem man keinerlei inhaltliche Vorstellung hat.« (La Mettrie 1988: 67 f.)

Auch in der cartesianischen Körpermethapher wird die Vermittlung der funktionellen Lebensäußerungen als »eine Art von Maschine« vorgestellt. Zugleich aber unterscheidet Descartes diesen Maschinenkörper von der Seele, denn das »Ich, d. h. die Seele, durch die ich das bin, was ich bin«, ist »völlig verschieden vom Körper« (Descartes 1960: 27). Durch Vermittlung der »Lebensgeister« regiert die Seele den Körper. In einem Vergleichsszenario verweist er auf zwei Kompetenzen, die er dem menschlichen Subjekt vorbehält: erstens Sprachkompetenz und zweitens Situationsoffenheit der Vernunft. Er versichert seinen Lesern, »dass der Geist sich substantiell vom Körper unterscheidet« (Descartes 1993: 14). Weiter heißt es:

»Wenn es Maschinen mit den Organen und der Gestalt eines Affen oder eines anderen vernunftlosen Tieres gäbe, so hätten wir gar kein Mittel, das uns nur den geringsten Unterschied erkennen ließe zwischen dem Mechanismus dieser Maschinen und dem Lebensprinzip dieser Tiere; gäbe es dagegen Maschinen, die unseren Leibern ähnelten und unsere Handlungen insoweit nachahmten, wie dies für Maschinen wahrscheinlich möglich ist, so hätten wir immer zwei ganz sichere Mittel zu der Erkenntnis, dass sie deswegen keineswegs wahre Menschen sind. Erstens könnten sie nämlich niemals Worte oder andere Zeichen dadurch gebrauchen, dass sie sie zusammenstellen, wie wir es tun, um anderen unsere Gedanken bekannt zu machen. Denn man kann sich zwar vorstellen, dass eine Maschine so konstruiert ist, dass sie Worte und manche Worte sogar bei Gelegenheit körperlicher Einwirkungen hervorbringt [...], aber man kann sich nicht vorstellen, dass sie die Worte auf verschiedene Weisen zusammenordnet, um auf die Bedeutung all dessen, was in ihrer Gegenwart laut werden mag, zu antworten, wie es der stumpfsinnigste Mensch kann. Das zweite Mittel ist dies: Sollten diese Maschinen auch manches ebenso gut oder vielleicht besser verrichten als irgendeiner von uns, so würden sie doch zweifellos bei vielem anderen versagen, wodurch offen zu Tage tritt, dass sie nicht aus Einsicht handeln, sondern nur zufolge der Einrichtung ihrer Organe. Denn die Vernunft ist ein Universalinstrument, das bei allen Gelegenheiten zu Diensten steht, während diese Organe für jede besondere Handlung einer besonderen Einrichtung bedürfen; was es unwahrscheinlich macht, dass es in einer einzigen Maschine genügend verschiedene Organe gibt, die sie in allen Lebensfällen handeln ließen, wie uns unsere Vernunft handeln lässt« (Descartes 1960: 45 f.).

Im Kern handelt es sich hier schon um eine Art »Turing-Test«. Der Mathematiker Alan M. Turing, dessen Arbeit es dem britischen Geheimdienst im Zweiten Weltkrieg ermöglichte, die deutsche Datenverschlüsselung im großen Maßstab zu knacken, konstruierte eine Testsituation, die helfen soll zu entscheiden, wann eine Rechenmaschine menschliches Denken erfolgreich simuliert. Turing orientierte sich für den Intelligenz-Imitationstest an einem Geschlechter-Imitationsspiel. Ein Dritter (C) soll entscheiden, ob sich Mann (A) wie Frau (B) verhält, wobei C weder A noch B zu Gesicht bekommt, sondern nur ihre symbolischen Produktionen, die C's Fragen beantworten. Der Turing-Test ersetzt A durch einen Computer, der versucht B zu imitieren (Turing 1987: 147-182). Descartes beschrieb eine ganz ähnliche Situation. Nur meinte er, aus ihr die grundsätzliche Unmöglichkeit einer maschinellen Intelligenz ableiten zu können: Der Körper, nicht die Seele ist Maschine.

Die Versicherung, dass Körpermaschine und Seele nicht identisch sind, letztere vom Materiellen unabhängig und keineswegs bloß »ein Stück Dreck« (La Mettrie 1988: 19) ist, ist unschwer als Ausdruck einer Umstellung der gesellschaftlichen Produktionsverhältnisse zu entschlüsseln. Für Marx sieht Descartes »mit den Augen der Manufakturperiode« (Marx 1962: 411). Tiere gelten nicht länger als Gehilfen – wie im Mittelalter –, sondern als bloße Maschinen. Das gilt auch für den menschlichen Körper, der in der frühkapitalistischen Manufaktur bereits einem arbeitsteiligen und durchgeplanten, d. h. im Kern fabrikmäßigen Produktionsprozess unterworfen wird. Die herausgehobene, den Körper regierende, vom Materiellen unabhängige und selbstbestimmte Position des Ich bzw. der Seele reflektiert dabei, mit Marx gesagt, die historisch neue gesellschaftliche Stellung der Bourgeoisie bzw. der Eigentümer der Produktionsmittel. Aus Sicht der arbeitenden Klasse sieht das allerdings ganz anders aus. Hier regiert die Maschine:

> »Die Arbeit der Proletarier hat durch die Ausdehnung der Maschinerie und die Teilung der Arbeit allen selbständigen Charakter und damit allen Reiz für den Arbeiter verloren. Er wird ein bloßes Zubehör der Maschine, von dem nur der einfachste, eintönigste, am leichtesten erlernbare Handgriff verlangt wird« (Marx/Engels 1959: 468 f.).

Während die Bourgeoisie sich selbst als gesellschaftliches Subjekt imaginieren kann und politische Emanzipation von der Aristokratie einfordert, erfährt sich das Proletariat als abhängige Roboterarmee (*robot* [slawisch] = Fronarbeit), dem die politische Anerkennung weitgehend verwehrt bleibt. In der frühen Maschinenmetapher steckt also eine soziale und technologische Realität, die sich mittels der Metapher nicht zureichend beschreiben lässt. Diese reflektiert lediglich die Lage der Eigentümer der Produktionsmittel und verdinglicht sie als rational und vernunftgegeben.

Allerdings verliert die cartesianische Körpermethapher im 20. Jahrhundert ihre Bedeutung. Wie der bürgerliche Eigentümer an den Produktionsmitteln verschwindet und durch bloße Verwalter und Manager ersetzt wird, so scheinen auch Ich, Subjekt und Seele in einem gut verwalteten System aus Zeichen – »Informationen« oder »Nachrichten« – zu verschwinden.

Grundlage der neuen Maschinemetaphorik ist der Computer und die mit ihm verbundene kybernetische Informationstheorie.

Der Körper wird dabei als Text oder Zeichensystem bestimmt und derart entmaterialisiert. Organische Prozesse werden in den Informationsbegriffen der Kybernetik interpretiert (Kay 2001: 131-133). Paradigmatisch sind hierbei vor allem die Spekulationen des Mathematikers Norbert Wiener, der den lebendigen Körper als selbstbezügliches System aus »Nachrichten« beschrieb. Schon während des Zweiten Weltkrieges entwickelte Wiener einen Algorithmus, der aus aktuell aufgenommenen Daten das wahrscheinliche Verhalten eines Flugzeugpiloten in sehr naher Zukunft vorauszusagen gestattete und damit Flugabwehrkanonen eine bessere Zielerfassung erlaubte. Pilot und Kanone bilden hierbei ein integriertes und, wie es Wiener nannte, »kybernetisches« Mensch-Maschine-System; allerdings mit tödlichem Ausgang für den Piloten (Galison 2001). Wiener begriff Mensch und Organismus selbst als Maschinen und Informationssysteme: Die »Individualität des Körpers«, so Wiener, »ist eher die einer Flamme als die eines Steines, eher die einer Form als die eines Teilchens Materie.« (Wiener 1964: 100) Wiener behauptete, dass dieses »Schema«, das den Organismus darstellt, im Prinzip auch als Fax übermittelt werden könne.

»Wenn eine Zelle sich in zwei teilt, oder wenn eines der Gene, das unser körperliches und geistiges Erbe trägt, bei der Vorbereitung zur Reduktionsteilung einer Keimzelle gespalten wird, ist dies eine Trennung von Materie, bedingt von der Kraft eines dem lebenden Gewebe innewohnenden Schemas, sich selber zu verdoppeln. Da dies so ist, gibt es keine fundamentale absolute Grenze zwischen den Übermittlungstypen, die wir gebrauchen können, um ein Telegramm von Land zu Land zu senden und den Übermittlungstypen, die für einen lebenden Organismus wie den Menschen zum mindesten theoretisch möglich sind.« (Wiener 1964: 100)

Wiener bezog sich auf die Genetik, die das Leben als eine Art »Buch« konzeptualisiert. Ein als Zeichensystem gedachter lebendiger Körper kann beliebig übermittelt oder um- bzw. neugeschrieben werden. Folglich lädt dieses Konzept zu Spekulationen über eine posthumane Zukunft ein. Posthumanisten wie der Computerwissenschaftler Hans Moravec oder der Extropianer Max More träumen heute davon, den Geist auf die Festplatten von Robotmaschinen zu übertragen (More 1996; Moravec 1996). So ein

Uploading funktioniert nur, wenn der lebendige Körper mit geistigen Prozessen nicht in einer substanziellen Beziehung steht und daher mit einem Robotkörper vertauscht werden kann. Auffällig ist dabei eine gewisse Ähnlichkeit mit Descartes' Trennung von Körper und Seele bzw. *res extensa* und *res cogitans*. Bereits diese Konstruktion des Verhältnisses von Leib und Seele impliziert, dass letztere im Prinzip von ersterem getrennt und auf andere materielle Träger übertragen werden kann. Das Bild des »Nach-Menschen«, das in solchen posthumanen Visionen entworfen wird, zeichnet sich jedenfalls durch die völlige Kontrolle des Bewusstseins über den Körper und das Unbewusste aus (Angerer 2002: 241 f.). Technik wird in diesen Überlegungen zur Metapher eines vollständig kontrollierbaren und technisierten Körpers:

»Wir können den menschlichen Geist aus seinem vergänglichen Körper befreien und in einem Computer weiterleben lassen. [...] Ein Roboterchirurg legt seine Sensorhand auf das noch bewusste Gehirn im geöffneten Schädel, erzeugt für die oberste Hirnschicht ein Simulationsprogramm und lädt dieses in den Computer eines Roboterkörpers. [...] Ihr Geist ist jetzt an den glänzenden neuen Körper angeschlossen, dessen Form und Farbe Sie selbst ausgesucht haben.« (Moravec 1993: 157)

Mit der Technowissenschaftlerin Donna Haraway lassen sich die kybernetischen Theorien als »Informatik der Herrschaft« fassen. Aus der Perspektive der Manager und der neuen »kreativen Elite« muss das Universum möglicher Objekte als kommunikationstechnisches Problem formuliert werden. »Jedes beliebige Objekt und jede Person kann auf angemessene Weise unter der Perspektive von Zerlegung und Rekombination betrachtet werden, keine ›natürlichen‹ Architekturen beschränken die mögliche Gestaltung des Systems.« (Haraway 1995a: 50) Die Perspektive der Zerlegung und Rekombination stellt demnach eine Herrschaftsperspektive dar, die keine Rücksicht auf Materialität mehr zu nehmen gedenkt. Die *Flucht aus dem Körper*, die die kybernetische Informationstheorie auszeichnet, erscheint dabei als ideologischer Ausdruck der globalen, durchökonomisierten und digitalisierten Informationsgesellschaft. Denn der Leib ist jenes lebendige Ding, das die Menschen verortet, dass sie verwundbar, verletzungsoffen und bedürftig macht. Diese Leiblichkeit nutzt die globale, informatisierte Ökonomie genau dann aus, wenn sie die Produktion in die Zonen der Weltperipherie verlegt und dort unter deutlich schlechteren Arbeitsbedingungen ihre Produkte günstig produzieren lässt. Die Arbeit wird dann verkörperlicht und feminisiert, was für die Arbeiterinnen und Arbeiter bedeutet, »eine extrem prekäre Position einzunehmen, zerlegt und neu zusammengesetzt werden zu können; als Reservearmee ausgebeutet werden zu können; eher als Bedienstete denn als ArbeiterInnen betrachtet zu werden; während und nach der Erwerbsarbeit einem Zeittakt unterworfen zu sein, der einer geregelten Arbeitszeit Hohn spricht und ständig an der Grenze zum Obszönen, eine auf Sex reduzierbare Existenz zu führen, immer bedroht von Arbeitslosigkeit und Deplazierung« (Haraway 1995a: 55).

Die Zonen der Peripherie, sind nicht so weit entfernt, wie man glauben mag – ansonsten gäbe es kaum Anlass, sich über einen Mindestlohn Gedanken zu machen. In ihnen erweist sich Leiblichkeit als das Medium, das einen letztlich unregulierten Zugriff der Macht erlaubt. Prekarisierung und soziale Unsicherheit sind die Herrschaftsmittel, die die Menschen selbst unter unwürdigsten Bedingungen ins globale Gesellschaftssystem inkludieren, weil nichts mehr vergesellschaftet als die permanente ökonomische Exklusionsdrohung (Agamben 2002). Die kybernetische Flucht aus dem Körper stellt sich so gesehen als eine Flucht aus der sozialen Verantwortung dar. Sie ist eine Ideologie, die es Teilen der der kreativen Management- und Technologieelite und der »virtuellen Klasse« erlaubt, bequem über die Folgen ihres Handelns und die Bedingungen der globalen Wertschöpfung hinwegzusehen (vgl. Barbrook/Cameron 1996). Wenn der Körper nur ein Simulationsmodell ist, erscheint er als Objekt willkürlicher Programmierung. Eine *Verpflichtung*, d. h. die innere Bindung an eine gesellschaftliche und materielle Wirklichkeit, der ihr Eigenwert zuzugestehen ist, folgt daraus nicht. Vielmehr wird Verantwortung entweder an die Herrschaftsobjekte delegiert – »Programmiere und steuere Dich selbst!« – oder schlicht negiert. Pseudoreligiöse und mystische Anleihen dieses kybernetischen Konstruktivismus – insbesondere die Vorstellung einer körperlosen Zeugung, der Wunsch nach einer androiden Sklavenrasse, die Transformation in ein reines Geistessubjekt oder das Versprechen individueller Unsterblichkeit –, tragen dazu bei, die soziale Realität zusätzlich zu verschleiern (Barbrook 2007). Die »Sklaven« gibt es bereits wieder; nur sind sie keine Androiden.

Abgesehen davon stellt sich die Frage, ob Androiden, wenn sie tatsächlich mehr sein sollten als gut programmierte Maschinen, der Status von Bürgerrechten denn überhaupt verwehrt werden könnte. Künstliche Intelligenz, die zu kreativen und spontanen Aktionen fähig wäre, würde offensichtlich über mehr als die »Freiheit eines Bratenwenders« verfügen – so Immanuel Kants Metapher eines Apparats, der, »wenn er einmal aufgezogen, von selbst seine Bewegungen verrichtet«, also dem Reich der Naturzwänge unterworfen bleibt und nicht sinnhaft handelnder Akteur sein kann (Kant 1956: A 174; vgl. Wenner 2002). Bei allen Unterschieden zwischen Bratenwendern und Computern – als Universalmaschinen können Computer einfache logische Maschinen imitieren, umgekehrt ist das nicht möglich – gibt es aber wohlbegründete Zweifel, ob programmierten Apparaturen freies und sinnhaftes Entscheiden zugerechnet werden kann. Eine rein syntaxfixierte Abbildung des geistigen Lebens von Menschen, so John R. Searle, könne nicht gelingen. Nach Searle wissen Maschinen, die Denkvorgänge simulieren, schlicht nicht, was sie meinen. Ihnen fehlt »intrinsische Intentionalität«, d. h. sie antworten auf Probleme mittels rein formal definierter (evtl. auch lernfähiger) Operationen, aber es fehlt ihnen ein Bewusstsein für das, was sie tun, auch wenn es so aussieht, als täten sie dasselbe wie lebendige Menschen. Die Grundlage des Verstehens der eigenen Handlungen und der Intentionalität ist für Searle dagegen die biologische Ausstattung des Menschen, insbesondere das Gehirn (Searle 1986; 1990). Wenn Searle Recht hat, dann sind Kognition und sinnhaftes Handeln biologisch fundierte Phänomene, und KIs könnten neben anderen Maschinen zwar auch Bratenwender simulieren, nicht aber Verstehen und Intentionalität, weil es sich hierbei nicht um maschinelle Prozesse handelt. Wäre aber doch eine intrinsisch motivierte KI möglich, so wäre sie, in Kant'schen Kategorien gesprochen, dem Reich der Freiheit zuzurechnen und mit Bürgerrechten auszustatten. Der Traum nach einer androiden Sklavenrasse lässt daher tief blicken; Richard Barbrook entschlüsselt ihn entsprechend der zu konstatierenden Körper- und Verantwortungsflucht als »Wunsch nach Sklaverei ohne Schuld« (Barbrook 2007: 486).[1]

Die techno-mythischen Wünsche und die Körpervergessenheit, die der kybernetische Konstruktivismus gebiert, können als Ideologie des zeitgenössischen Wertbildungsprozesses entschlüsselt werden. Dieser erscheint,

1 Die Fernsehserie *Real Humans* (Schweden 2012) diskutiert diese Problematik inklusive der Darstellung eines technophoben Rassismus. In der *Star Trek*-Episode *The Measure Of A Man* (USA 1989) wird vor einem Gericht der Sternenflotte verhandelt, ob dem Androiden Data wesentliche Persönlichkeitsrechte überhaupt zukommen können. Die Folge beantwortet die Frage positiv.

als hätte er sich vom variablen Kapital – der menschlichen Arbeitskraft – emanzipiert. Letztlich ist das die Vorstellung einer Produktion ohne Produzenten und eines Konsums ohne Bedürfnisse – alles nur virtuell und nach Belieben konstruierbar. Die gesellschaftliche und kulturelle Basis hierfür besteht aus der Informatisierung der Arbeit (»Postfordismus«, »Wissensgesellschaft«), der Individualisierung (»proteische Identität«) und einer historisch beispiellosen räumlichen Trennung von Produktions- und Konsumkontexten (»Globalisierung«). Die *Informatisierung* führt zu einem Bedeutungsverlust körperlicher Arbeit. An die Stelle der Industriearbeiterinnen und Arbeiter treten erst die kleinen Angestellten und dann die Scheinselbstständigen, Praktikantinnen und Praktikanten sowie die Befristeten. Die *Individualisierung* gebiert ein flexibles – »proteisches« – Individuum, das als Unternehmer seiner selbst alle Risiken trägt und Absicherung nur noch in den Leistungen fordernder und unsolidarischer bürokratisch-staatlicher Expertensysteme finden kann. Gleichzeitig wird es dazu genötigt, Risiken, Selbstausbeutung und Unsicherheit immer gut gelaunt als Chance zu sehen (Meschnig 2003).[2] Und durch die *Globalisierung* erscheint es fast so, als würden die Verbrauchsgüter wie bei der Fernsehserie *Star Trek* im »Replikator« erzeugt: Order per Mausklick und zeitnahe Zustellung mittels Drohne. Gerade in der Textilbranche und in der Chipindustrie ermöglicht die räumliche Trennung von Produktion und Konsum ein Zugleich niedriger Preise und hoher Profitraten. Bezahlen müssen dafür die leibhaftigen Produzentinnen und Produzenten an den namenlosen Orten der Weltperipherie (Haraway 1995a: 54 ff.).

Im Folgenden wird das mit dem kybernetischen Konstruktivismus verbundene Gesellschaftsbild als die Vorstellung einer »kybernetischen Gesellschaft« bezeichnet. Dieser Vorstellung und der darin eingelassenen informationstheoretischen Perspektive von Zerlegung und Rekombination zufolge lassen sich soziale Beziehungen und Prozesse letztlich vollständig in Funktionsbezüge und Feedbackschleifen auflösen. Es geht darum, friktionslose Prozesse der »Informationsverarbeitung« zu generieren. Erfahrung und Eigensinn werden, sobald sie Funktionsprozesse und Abläufe zu behindern scheinen, übergangen oder schlicht negiert. Diese Negation und dieses Nicht-Wahrnehmen markieren den ideologischen Charakter des kybernetischen Gesellschaftsbildes. Sein normativer Funktionalismus weist es als ei-

2 Siehe Kapitel 9.

ne Variante der von Jürgen Habermas kritisierten technokratischen Gesellschaftsvorstellung aus.[3]

Aus einer ideologiekritischen Perspektive wirft der kybernetische Konstruktivismus also einiges ab. Darüber hinaus entfaltet er aber wenig sozialtheoretisches Erklärungspotential. Der »Körper als Information« ist schlicht keine soziale Erfahrungswirklichkeit: Die Genetik beschreibt das Feld der Gene als ein reines und homologes Zeichenfeld, in dem die Gattungsgrenzen aufgehoben sind. Ob von Ameisen oder von Menschen geredet wird, macht dabei keinen großen Unterschied. Das Wissen der genetischen Lebenswissenschaften basiert auf einer »Entkoppelung von Einzelwesen und Lebensform« (Schrage 2000: 54, 58), d. h. der »Text des Lebens« ist von der sinnhaften Erfahrungs- und Wissensrealität der individuellen Handlungsebene getrennt. Das gilt auch für Wieners Kybernetik, die davon ausgeht, dass »Menschen als Gegenstände der wissenschaftlichen Forschung sich von Maschinen nicht unterscheiden« (Rosenblueth/Wiener, zit. n. Galison 2001: 458). Insofern der menschliche Körper als »Informationssystem« erscheint, wird er daher ebenfalls von der Erfahrung der Individuen abgekoppelt. Das aber heißt: In Kybernetik und Genetik werden lediglich Theorien *über* den Körper formuliert. Wissenssoziologisch und diskurstheoretisch gesehen »existiert« der »Körper als Text« zunächst nur innerhalb eines ganz spezifischen diskursiven und institutionellen Rahmens. Ein direkter Durchgriff zwischen den beiden unterschiedlichen Beschreibungsebenen – zum einen ein abstrakt-naturwissenschaftliches Modell des Körpers, zum anderen die gesellschaftliche Wirklichkeit leiblichen Seins – ist nur in fiktionalen Spekulationen sinnvoll.

In der sozialen Wirklichkeit geht es vielmehr um die Interaktion, Kooperation oder Vernetzung sinnhaft handelnder Akteure und technischer Artefakte und Apparaturen. Diese Interaktion ist in Diskurs- und Machtkontexte aller Art eingebettet und daher keine Sache an sich, sondern ein gesellschaftliches Phänomen. Nicht die Medien machen die Gesellschaft, wie es affirmative Medientheorien bis heute unermüdlich behaupten, sondern vielmehr sind Technologie und Medien und soziale Kontexte wechselseitig aufeinander verwiesen (Spreen 1995). Medien und Technologien sind als Bedingungen sozialen Handelns zugleich auch soziokulturellen Aneignungsformen unterworfen. Nur wenn sie in soziokulturellen Kontexten

3 Siehe Kapitel 1 und 10.

einen Ort finden, nur wenn sie eine »Diskursstelle« zugesprochen bekommen, sind sie gesellschaftlich wirksam (Spreen 2001).

Gerade aber vor dem Hintergrund des Zusammenwirkens sinnhaft handelnder Akteure und technologischer Apparaturen in Diskurs- und Machtkontexten werden Theorien über »Cyborgs« interessant. Anders als die Informatik der Herrschaft adressiert das recht verstandene Cyborgkonzept eine soziale und lebensweltliche Realität, nämlich eine enge Verbindung zwischen Technologie und dem lebendigen Körper.

3 Cyborg

> »Der Typ ist 'ne Jungfrau.« Der Mann zuckte die Achseln. »Paar billige Zahnfüllungen, mehr nicht.«
> WILLIAM GIBSON,
> *NEUROMANCER* (1984)

»Jungfrau« – so lautet der Kommentar, den der Finne über Case macht, als ihm das Ergebnis des Implantat-Scans vorliegt (Gibson 1996: 70). »Jungfräulich« sind bis ins 21. Jahrhundert hinein immer noch viele Menschen. In der Welt, die William Gibson in der *Neuromancer*-Triologie beschreibt, ist solche Abstinenz eine bemerkenswerte Ausnahme. Normal ist es, ein Cyborg zu sein, also über technologische Anteile zu verfügen, zum Beispiel über eine Uhr im Kopf – »Silizium mit einer Ummantelung aus pyrolytischem Kohlenstoff« – oder über künstliche Linsen – »isotrope Niedertemperaturkohlenstoffe«.

Der Scan sucht nach technologischen Erweiterungen des Körpers; er sucht nach Cyborgtechnologie. Diese Technologien offerieren neue Möglichkeiten und sind keineswegs auf medizinisch induzierte Anwendungen zu reduzieren, die »Behinderungen« ausgleichen. In der voll entfalteten Cyborgkultur, die Gibsons Roman schildert, erscheint es bemerkenswert, wenn jemand auf solche Erweiterungen verzichtet.

Man mag sich einbilden, das sei nur Science-Fiction. Tatsache ist, es ist bestenfalls eine gute Prognose gewesen. Längst leben wir nicht nur in Gesellschaft mit Cyborgs. Technisierung, Verdatung und Vernetzung des Körpers werden vielmehr zu einer kulturellen Normalität. Informierte Beobachter der Entwicklung sprechen daher schon seit längerem von einer »Cyborg-Gesellschaft« (Gray et al. 1995: 3). Historisch ist diese sich abzeichnende Normalität allerdings etwas Neues. Willkommen auf der Schwelle zur Zukunft.[4]

Schon die Bezeichnung »Cyborg« ist ein Kompositum. In ihm werden die Wörter »Kybernetik« und »Organismus« zusammengefügt. Die Erfinder dieses Kompositums, die beiden Mediziner Manfred E. Clynes und Nathan S. Kline, bezeichneten Anfang der 1960er Jahre mit dieser Verbindung vor allem eine Idee, nämlich die einer möglichst friktionslosen Verschmelzung des natürlich-organischen Körpers mit künstlich-technologischen Elementen, die die gegebenen Möglichkeiten eines lebendigen Körpers erweitern.[5] Gemeint ist mit »cybernetic organisms« daher in der Regel die funktionale Integration hochtechnischer Systeme in organische Abläufe des menschlichen Körpers. Cyborgs sind »technologisch avancierte[..] Hybridationen« (Spielmann 2010: 74).

Neu ist daran nicht die Vorstellung des Körpers als eines Apparats; diese ist vielmehr spätestens seit René Descartes und Julien Offray de La Mettrie eine durchaus gängige Metapher. Auch Norbert Wiener ging es noch nicht um eine Integration von Technologie in den Organismus. Vielmehr begriff er Mensch und Organismus selbst als Maschinen und Informationssysteme. Neu ist vielmehr, dass mit der Cyborg-Idee eine sowohl nah- oder binnenleibliche als auch systemische Verbindung von Lebensprozessen und technischen Funktionsabläufen als eine *wirkliche* technologische Option ins Auge gefasst wird. Es geht also gar nicht mehr um artifizielle Körpermetaphern, sondern um die technische Veränderung und Erweiterung leiblicher Vorgänge im Sinne einer neuen kybernetischen Einheit aus Organischem und Technischem.

Das Leitbild der Technologieentwicklung ist dementsprechend auch der *Neurochip* oder das *Biochip-Implantat* (Schneider 2005: 384 f.). Damit ist eine Verbindung zwischen Nerven und elektrischen Leitern gemeint, die einer Lötverbindung vergleichbar ist. Dieses Leitbild zielt auf die Entwicklung einer Technologie, die die verlustlose und friktionsfreie Zweiweg-Übersetzung zwischen organischer und digitaler Informationsverarbeitung erlaubt. Mittels einer solchen Technologie soll es zum Beispiel möglich werden, Sensorinformationen in »Sinnesinformationen« zu übersetzen. Der Neurochip verspricht, dass Prothesen nicht länger »als technische Anhäng-

---

4 Siehe Kapitel 9.

5 Siehe Kapitel 7.

sel« begriffen werden müssen, sondern dass sie »durch neuronale Integration« zum »Teil des Patienten« werden (Bothe/Engel 1993: 175 f.). Mit anderen Worten zielt dieses integrative Leitbild darauf, die Selektivität der Prothese aufzuheben, also die Tatsache, dass klassische Prothesen zwar die Möglichkeiten des Körpers monofunktional optimieren können – etwa im Falle einer auf spezifische Maschinen zugeschnittenen Form – gleichzeitig seine sinnliche Dimension aber stark reduzieren. »Der [prothetische] Arm spürt die Berührung durch einen anderen Menschen nicht mehr und kann selbst andere Menschen und Dinge nicht sinnenvermittelt berühren.« (Eilers 2012: 175) Der Neurochip dagegen macht Prothesen zu Sinnen. Er imitiert Haut.[6]

Rekonstruiert man den derzeitigen Stand des Wissens, dann sieht man, dass eine beachtliche Menge Cyborgtechnologie verfügbar ist (Fiedeler 2008). Schnittstellen zwischen neuronaler und digitaler Kommunikation gehören heute zur medizinischen Routine. Dabei handelt es sich in der Regel um Verbindungen, in denen Sensoren oder Stimulatoren in die Nähe von Nervenzellen gebracht werden. Etwa kann ein mit feinen Elektroden besetzter Chip in ein dichtes Nervengewebe (z. B. das Gehirn) gestanzt werden. Ein solches *BrainGate*™ hat die amerikanische Firma *Cyberkinetics Neurotechnology System* entwickelt. Die Elektroden lesen das Feuern der Neuronen aus und interpretieren es mittels einer entsprechenden Software. Unter der Überschrift »Turning Thoughts into Action« heißt es dazu auf der Webseite der Firma:

»The concept of using thought to move a robotic device, a wheelchair, a prosthetic, or a computer was once strictly the stuff of science fiction, but no longer. *BrainGate*™ collects and analyzes the brainwaves of individuals with pronounced physical disabilities, turning thoughts into actions. The potential to better communicate, interact, and improve people's way of life is about to explode.«[7]

Diese Technologie zielt darauf ab, schwere Schädigungen des Rückenmarks wie Paraplegie oder Tetraplegie auszugleichen. Dabei geht es nicht nur darum, Kommunikationsmittel qua Geist zu bedienen. Vielmehr eignet

---

6 Michael Serres (1993: 61) hat darauf hingewiesen, dass die menschlichen Sinne letztlich verdichtete Haut sind.

7 www.cyberkinetics.com.

sich diese Technologie ebenso dafür, einen elektrischen Rollstuhl oder andere Körperprothesen zu kontrollieren.

Ähnliches gilt für eine Handprothese, die an der *École Polytechnique Fédérale* in Lausanne entwickelt wird. Die Prothese liefert in Echtzeit ein sensorisches Feedback mittels Nervenstimulation und nähert sich damit einer »life-like«-Qualität an (Raspopovic et al. 2014). Geforscht und gearbeitet wird auch zu nicht-invasiven Systemen, wie etwa eine Exo-Hand, die durch Elektroenzephalografiesignale gesteuert wird. Dabei werden Spannungsschwankungen an der Kopfoberfläche als Wunsch gedeutet, die künstliche Hand zu öffnen oder zu schließen. Ein kybernetisches Mensch-Maschine-System hat die *Festo AG* vorgestellt. Es handelt sich

> »um ein Exoskelett, das wie ein Handschuh angezogen werden kann. Mit ihr lassen sich Finger aktiv bewegen, die Kraft von Fingern verstärken sowie Bewegungen der Hand aufnehmen und in Echtzeit auf Roboterhände übertragen. [...] Ziel ist es, die Stärke und Ausdauer der menschlichen Hand zu verbessern, den menschlichen Handlungsspielraum zu erweitern und die Unabhängigkeit auch in hohem Alter zu gewährleisten.« (Festo 2012: 2)

Bei einer idealen Cyborg-Prothese im Sinne des Neurochip-Leitbildes käme es zu einer reziproken »Verlötung« zwischen Nerven und elektrischen Leitern, so dass über die Schnittstelle hinweg sowohl eine Steuerung motorischer Effektoren als auch eine Interpretation technischer Sensordaten möglich wäre. Eine solche perfekte Konstruktion gibt es derzeit nur in der Science-Fiction. Beispielsweise tauchen in der *Perry-Rhodan*-Serie »Schwarze Handschuhe« als Artefakte höherer kosmischer Mächte auf. Eine solche künstliche Hand besitzt eine eigene hochentwickelte künstliche Intelligenz und verbindet sich »organisch« mit dem Körper des Trägers. Diese Fiktion datiert aus den frühen 1980er Jahren, aber sie entspricht dem Leitbild der derzeitigen Technologieentwicklung. Mitgegeben wird in der Serie aber auch eine Warnung: Der »Schwarze Handschuh« entwickelt »agency« und kann die Kontrolle über seinen Träger übernehmen, wenn dessen »Wille« schwach ist.[8]

Das Leitbild des Neurochips macht deutlich, dass Cyborgtechnologie im Kern eine in den Körper integrierte informationsverarbeitende High-

---

8 Siehe Kapitel 10.

Tech darstellt, die auf der Verbindung zwischen organischer und technischer Informationsverarbeitung beruht. Dem Leitbild nach handelt es sich um eine Technologie, die sich mit der Haut verbindet, ihr gleich wird, »unter die Haut geht« (Spreen 2000: 28).

Dennoch ist es sinnvoll, den Begriff auch auf nahleibliche Technologien zu übertragen, wenn sie eine *vergleichbare Funktionsweise* aufweisen wie binnenleibliche Cyborgsysteme. Beispiele sind kybernetische Handschuhe oder nicht-invasive Verfahren des Auslesens von Nervenimpulsen durch Elektroenzephalografie. Auch die neue Google-Brille ist eine solche Technologie, denn für die Dauer ihrer Nutzung stellt sie eine ständig wirksame Erweiterung des Sehsinns dar, die dessen natürliche Möglichkeiten qualitativ überschreitet, insofern sie die Wahrnehmung mit Text überschreibt und sozial vernetzt.[9]

Sinnvoll ist diese Ausweitung des Begriffs, weil solche nahleiblichen Systeme zusammen mit dem lebendigen Körper ein integriertes Gesamtsystem bilden. Im Unterschied zu Implantaten mit Neuroschnittstelle ist es unkompliziert möglich, solche Technologien zeitweise abzulegen, was allerdings eine erhebliche Einbuße im Weltzugang und entsprechende Mangelerfahrungen zur Folge haben kann. Man kann von »Part-Time-Cyborgs« sprechen.

In solchen Fällen ist Technik nicht mehr nur Werkzeug, Küchengerät oder Industriemaschine, vielmehr rückt sie dem Menschen auf den Leib. Sie schmiegt sich dem Körper an oder dringt in ihn ein. Mobiltelefon, Laptop, Tablet, MP3-Player oder portable Navigationssysteme bleiben noch *artefaktische Geräte*. Ihr Verhältnis zum Körper lässt sich gerade noch mit Heideggers Begriff der »Zuhandenheit« beschreiben. Artefaktische Geräte sind Instrumente zweckdienlicher Nutzung. Ihnen kommt ein »An-sich-sein« zu, das allerdings nur im händischen, praktischen *Gebrauch* und nicht im theoretischen Hinsehen als ihr jeweiliger – welteinwirkender oder kommunikativer – Zweck »begegnet«. Heideggers Beispiel ist der häusliche Hammer:

»Das Hämmern hat nicht lediglich noch ein Wissen um den Zeugcharakter des Hammers, sondern es hat sich dieses Zeug so zugeeignet, wie es angemessener nicht möglich ist. In solchem gebrauchenden Umgang unterstellt sich das Besorgen dem

9 Siehe Kapitel 4.

für das jeweilige Zeug konstitutiven Um-zu; je weniger das Hammerding nur begafft wird, je zugreifender es gebraucht wird, um so ursprünglicher wird das Verhältnis zu ihm, um so unverhüllter begegnet es als das, was es ist, als Zeug. Das Hämmern selbst entdeckt die spezifische ›Handlichkeit‹ des Hammers. Die Seinsart von Zeugs, in der es sich von ihm selbst her offenbart, nennen wir *Zuhandenheit*. Nur weil Zeug *dieses* »An-sich-sein« hat und nicht lediglich noch vorkommt, ist es handlich im weitesten Sinne und verfügbar.« (Heidegger 1993: 69)

Anders verhält es sich mit Technologien, die sich mit dem Leib zu einem neuen technisch-organischen Gesamtsystem verbinden. In diesen Fällen werden technische Apparate oder Systeme Teil des Leibes; sie werden gewissermaßen im oder am menschlichen Körper »installiert« und somit Aspekt der eigenen Leiblichkeit. Haraway bezeichnet sie daher als »intime Glieder« (Haraway 1995b: 182).

Der eigene Leib aber ist nicht bloß ein Ding, mit dem man hantiert. Vielmehr eignet ihm eine gewisse Unverfügbarkeit, denn er legt den Menschen auf ein Hier und Jetzt, auf eine Position in der Welt fest. Helmuth Plessner fasste diese Tatsache mittels der Unterscheidung zwischen Körper-Haben und Leib-Sein: Körper als Instrument *hat* man, Leib *ist* man. Mittels des Körpers greift man in die Welt hinaus; qua Leib wird man ergriffen. Wenn nun Technologie leiblich wird, dann wandert sie einerseits von dem Register des Habens und der Verfügbarkeit in das Register des Seins und der Unverfügbarkeit. Andererseits bleibt sie etwas Künstliches, das an- und abgeschaltet werden kann, das Strom benötigt, das wartungs- und reparaturbedürftig ist und dessen Software eventuell regelmäßig aktualisiert werden muss.

Heideggers Topos der »Zuhandenheit« genügt nicht mehr, den technischen Alltag menschlicher Cyborgs zu beschreiben, da er das praktische Verhältnis zur Technik noch im Medium der leiblichen Hand fasst. Was, wenn diese Hand eine bionische Prothese darstellt? Was, wenn sie ein kybernetischer oder gar ein »schwarzer« Handschuh ist? Was soll »Handlichkeit« dann noch heißen? Die Hand selbst ist schon Technologie. Eine solche technologische Hand kann schwerlich noch als »Zeug« verstanden werden, das im »Besorgen« alltäglich als »An-sich-sein« »begegnet«.

Um solche Fragen nach der spezifischen Bedeutung von Cyborgtechnologie im Kontext der allgemeinen technisch-medialen Kultur der Moderne zu ermöglichen, bedarf es eines Modells, das diesen Verleiblichungsvorgang festhält, ohne dabei den Zusammenhang mit der technischen Durchdringung des leiblichen Nahraums und der Gesellschaft aus den Augen zu verlieren. Hilfreich ist dafür die Vorstellung, dass die Verdatung und Technisierung des Körpers sich durch ein Reglermodell beschreiben lässt, wobei der Regler sich auf einer kontinuierlichen Skala zwischen einem »jungfräulichen« *lowtech body* und einem »erweiterten« *hightech body* verschieben lässt. Mittels dieses Modells soll die Differenz zwischen der herkömmlichen modernen Technikkultur und der Cyborg- bzw. Upgradekultur sichtbar gemacht werden. Von der »Cyborgisierung des Körpers« kann demnach dann gesprochen werden, wenn Technologie in ein »intimes Funktionsverhältnis« mit dem Organismus eintritt, sich also an oder unter der Hautgrenze mit dem Körper zu einem erweiterten Leibsystem verbindet – irgendwo im Bereich der Hautgrenze findet die Verwandlung des Menschen in einen menschlichen Cyborg statt. Leiblichkeit wird organisch-technisch. Die »Nutzung« konkreter Technologie wird in aller Regel eine zeitlich beschränkte sein, da das Angebot sich ständig erweitert und verbessert und somit Implantate oder Exo-Organe durch neue und bessere ersetzt werden können (Abb. 1).

Abbildung 1: Schema des Reglermodells

Quelle: Eigene Grafik.

Dass Reglermodell soll einerseits verdeutlichen, dass moderne Selbst- und Sozialverhältnisse grundsätzlich in Relation zu materiellen Technologien und technischen Medien zu verstehen sind. Es hebt die »politische Zentralität von Technologie« (Gray 2002: 36) hervor, d. h. die Tatsache, dass Politik und soziale Ordnung nicht jenseits des Technischen gedacht werden können. Andererseits ermöglicht es das Modell, das Neue, das sich mit der Technisierung der leiblichen Natur des Menschen vollzieht, zu markieren. Die These, Menschen seien als werkzeuggebrauchende Wesen schon immer Cyborgs gewesen (Clark 2003), ist wenig überzeugend, denn zweifellos stellt die systematische Entwicklung nahleiblicher und körperinvasiver kybernetischer Technologien eine kulturelle Innovation dar, die auf beeindruckende Fortschritte in den Lebenswissenschaften und in der Computertechnologie zurückgeht. Menschliche Technologieverwendung an sich rechtfertigt es noch nicht, von »Cyborgs« zu sprechen. Was sollte der Sinn einer Rede sein, die unter einem spektakulären Label lediglich die alte Erkenntnis reformuliert, dass »die technische Betätigung« zu den »menschlichen Konstitutionsmerkmalen« (Gehlen 1961: 95) zu rechnen ist?

Die Tatsache, dass sich mit der Cyborgisierung etwas Neues in der Gattungsgeschichte des Homo sapiens zuträgt, lädt zu Spekulationen und Verheißungen ein, die ein neues Zeitalter und eine neue Gesellschaft verkünden. Die Cyborgisierung wird als Zeichen für den Anbruch einer »posthumanen« Zukunft gedeutet, in der entweder mit euphorischer Zustimmung oder mit kulturkritischem Gestus eine neue Evolutionsstufe und ein Zeitalter »nach dem Menschen« behauptet wird (vgl. Becker 2000; Orland 2005). Auf der Basis des hier vertretenen Modells erscheinen solche Behauptungen wenig überzeugend. Zwar ist Technologie ein wesentlicher Aspekt der Leiblichkeit menschlicher Cyborgs – offensichtlich wird dies, wenn sie ihnen wortwörtlich unter die Haut geht – aber dies rechtfertigt es noch lange nicht, eine neue Evolutionsstufe zu postulieren. Unter Rückgriff auf die Philosophische Anthropologie Helmuth Plessners, die mit diesem Modell vollkommen kompatibel ist, lässt sich vielmehr gut zeigen, dass die Technisierung der leiblichen Natur die Möglichkeiten humaner Zivilisation und Vergesellschaftung nicht sprengt. Ich spreche daher vom *Menschen als Cyborg*. Menschliche Cyborgs *haben* nicht nur technische Mittel, d. h. Mittel, die sie beiseitelegen könnten. In einem leiblichen Sinne *sind* sie diese Technologie. Der Leib menschlicher Cyborgs ist eben *auch* Technologie.

Eine Konsequenz hieraus ist, dass das »Auch-Technologie-Sein« die Anbindung an außerkörperliche Institutionen oder Organisationen – mithin an gesellschaftliche Machtkontexte – qua Leib-Sein erfordert. Mit Michel Foucault gedacht bedeutet das, dass die Verschaltung von Organismus und Technologie zum Cyborg nicht in einem machtfreien Raum stattfindet.

Aus philosophisch-anthropologischer Perspektive stellen sich in Bezug auf Cyborgisierungsphänomene drei zentrale Fragen. Erstens: Wieso sollte ein derart erweitertes Wesen noch ein »Mensch« sein? Wird nicht seine Gestalt radikal verändert? Zweitens: Kann noch von »Menschen« gesprochen werden, wenn eine Software Daten, die aus dem Körper gewonnen werden, in »Handlungen« umrechnet? Welchem »Urheber« ist die Performance von

Cyborgs zuzurechnen? Drittens: Wo liegen anthropologische Risiken dieser Technologieentwicklung, die ja nicht jenseits gesellschaftlicher Machtprozesse abläuft?

In Anlehnung an Plessner lässt sich »der Mensch« topologisch bestimmen, d. h. in Begriffen, die seine Stellung in der Welt beschreiben. Plessner beschrieb ein leibliches Weltverhältnis, das immer schon über den Leib hinaus ist; sein Zentrum außerhalb des Leibes hat, und sprach deshalb von der »exzentrischen Positionalität« des Menschen. Diese Fassung des Menschen verträgt sich nicht nur mit der technischen Erschließung äußerer Räume und Umwelten, sondern auch mit der technischen Erschließung des inneren Raums des Körpers (Fischer 2002: 236-239). Als natürlich-künstliches Lebewesen ist der Mensch ein biologisches Körperwesen, das den Rahmen des Biologischen immer schon verlassen hat, und sich in einer Welt der Kultur, der Geschichte, der Kunst, der Technik und der Sprache bewegt. Warum sollte die menschliche Potentialität, sich zur Welt zu öffnen und sie zu erschließen vor dem eigenen Leib halt machen? Vielmehr kann die Anthropologie der Weltoffenheit den Gestaltwandel des Menschen und damit auch die Technisierung und Veränderung seines Körpers mitvollziehen:

»Mensch sein ist an keine bestimmte Gestalt gebunden und könnte daher auch unter mancherlei Gestalt stattfinden, die mit der uns bekannten nicht übereinstimmt. Gebunden ist der Mensch an die zentralistische Organisationsform, welche die Basis für seine Exzentrizität abgibt.« (Plessner 1975: 293)

Ähnlich verhält es sich mit dem im Kontext der Technisierung des Körpers diskutierten Problem der Zurechenbarkeit von Handlungen (»agency«): Programmierte Reaktionen, die ein durch Neurochipschnittstellen oder ähnliche Systeme gesteuertes Cyborg-Organ ausführt, werfen die Frage nach der Handlungsurheberschaft auf:

»Je mehr technische Hilfsmittel und Geräte wir verwenden, um unsere Handlungsziele zu erreichen, desto mehr Verantwortung können wir von uns selbst auf die Technik verschieben. Je mehr unser Handeln technisch vermittelt ist, desto weniger sind wir es, die handeln, desto mehr wird die Handlung zu einem fremdgesteuerten Prozess.« (Zoglauer 2003)

Sieht man von den rechtlichen Implikationen solcher Fragen einmal ab, dann erscheint diese Problematik aber nicht so gravierend, da die exzentrische Positionalität des Menschen ohnehin keine absolute Willensautonomie, Souveränität und Freiheit beinhaltet. Zwischen Leib und Körper verortet sind Menschen vielmehr notwendig mit der Möglichkeit konfrontiert, dass ihr Leib der eigenen Kontrolle entgleitet. Menschen können lachen und weinen. Nach Plessner handelt es sich dabei um Zustände, in denen das Subjekt die Kontrolle verliert – er spricht auch von »Katastrophen« –, weshalb aber der Mensch nicht plötzlich Nichtmensch wird. Vielmehr hat der Mensch »das Verhältnis zu seiner physischen Existenz verloren, sie entzieht sich ihm und macht mit ihm gewissermaßen, was sie will. Gleichwohl empfindet man diesen Verlust als Ausdruck und Antwort auf eine entsprechende Situation.« (Plessner 1982: 274)

Mit Plessner lässt sich das Entgleisen des Körpers zugleich als Konstitutionsbedingung neuer Sinnproduktion verstehen: »Ungeprägtheit«, »Unartikuliertheit« und »Sinnlosigkeit« leiblicher Äußerungsweisen verlangen nach Interpretation, Bedeutungszuschreibung, Diskurs und Disziplinierung (Plessner 1982: 276). Solchen Erfahrungen kommt daher eine wichtige Bedeutung für die Herausbildung des Selbst zu. Nicht totale Willenssouveränität, sondern vielmehr die spezifisch exzentrische Positionalität zwischen Körper und Leib ist daher das Charakteristikum menschlichen Seins. Erfahrungen der Selbstüberraschung sind also genuin menschlich und konstitutiv für das Selbst.

Wenn also menschliche Cyborgs von den Reaktionen ihrer »smarten« Prothesen irritiert werden, vollzieht sich dann etwas, was außerhalb des Erfahrungshorizonts des Menschen liegt? In Anlehnung an Plessner ist vielmehr davon auszugehen, dass die Erfahrungen mit techno-leiblichen Äußerungen sich mit Diskursen vermitteln können, so dass diese Erfahrungen in Worte gefasst werden können, Bedeutungen produzieren und dadurch kulturell und diskursiv »aufgefangen« werden.

Solange diese Positionalität, d. h. die spezifisch menschliche Weltoffenheit und Handlungsfreiheit, durch die innere Technisierung nicht aufgehoben wird, bleiben Cyborgs daher »Menschen« – ganz gleich wie ihre Organausstattung und ihre Gestalt ist. Würde allerdings der Mensch beispielsweise mittels genetischer Reprogrammierung so abgeändert, dass er durch »neue« Verhaltensinstinkte gesteuert würde – etwa indem man ihm ein Friedens-Gen einschreibt, das Aggressionen aus dem Verhaltensrepertoire verbannt –, dann hätte man es in der Tat mit einem Posthumanum zu tun. Frei und weltoffen aber wäre dieses Wesen nicht. Ethisch wären solche einschränkenden Umwandlungen nicht zu rechtfertigen, weil sie »die Offenheit des Menschen nicht mehr befördern, sondern unterlaufen.« (Müller 2010: 194)

Als Ergebnis kann also festgehalten werden: Prozesse der Cyborgisierung schaffen »den Menschen« nicht ab. Vielmehr ist die Verwandlung von Menschen in Cyborgs mit der humanen Weltoffenheit durchaus vereinbar. Die Cyborggesellschaft entschlüsselt sich damit als ein historisch-gesellschaftliches Selbstverhältnis des Menschen unter anderen Möglichkeiten. Wenn aber die Cyborggesellschaft eine Möglichkeit humaner Selbstverwirklichung darstellt, dann heißt das zugleich, dass sich damit eine spezifische *Kultur* realisiert – also eine konstruierte und sinnhaft-werthaltige Ausdrucksform menschlicher Möglichkeiten. Es handelt sich folglich auch *nicht* um eine rein technologisch determinierte Entwicklung, sondern vielmehr ist die entsprechende technische Entwicklung vermittelt mit Deutungsmustern, Diskursen, Erwartungen und damit verbundenen ökonomischen Motiven sowie mit Handlungs- und Habitusformen und Erfahrungen. Dieser Kultur in ihrer gegenwärtigen Form und den damit für Cyborgerfahrungen bereitgestellten Deutungsmustern auf die Spur zu kommen, ist hier das Ziel. Wie sich zeigen lässt, stellen medizinische Kontexte, die auf den Ausgleich von »Behinderungen« und auf »Inklusion« etc. abzielen, *nicht* das primäre kulturelle Momentum dieser Entwicklung dar, sondern vielmehr Optimierungs- und Upgradekonzepte.

Soweit Cyborgs Menschen sind und die technische Verbesserung des Körpers sich zu einer spezifischen Upgradekultur verdichtet, kann die Cyborgisierung, sozialethisch gesehen, nicht generell »verdammt« werden, denn damit würde die Offenheit des Menschen ebenso beschädigt, wie dies im Kontext gentechnologischer Rekonfigurations- und Kontrollszenarien der Fall sein kann.[10] Vielmehr gilt es, jenseits pauschaler Urteile genau hinzuschauen und sowohl die Verbindung dieser Kultur mit Machtmechanismen als auch neue Entfaltungsmöglichkeiten im Auge zu behalten. Dabei ist es hilfreich, die verschiedenen Entwicklungs- und Diskurskontexte dieser Kultur zu untersuchen, da hier sowohl einschränkende als auch öffnende Potentiale sichtbar werden können.

10 Siehe Kapitel 10.

Das nächste Kapitel beginnt mit dieser Untersuchung und wendet sich am Beispiel der Datenbrille einer aktuellen Cyborgtechnologie zu, die dem kommunikativen Kontext zuzurechnen ist. Exemplarisch wird nach Formen und Strukturen sozialer Macht gefragt, um auf Risiken hinzuweisen, die in die Einschränkung der spezifisch humanen Weltoffenheit münden können. Allerdings wird diese Analyse auch zeigen, dass ein Verständnis, welches Cyborgtechnologie und Machtwirkungen miteinander schlicht identifiziert, zu kurz greift und den Herausforderungen der Upgradekultur nicht gerecht wird.

4 Erweiterte Realität

»Share your adventures instantly to Google+, Facebook, YouTube, Tumblr, Path, and Twitter. Get Glass.«
GOOGLE.COM (2014)

Gesellschaftliche Kommunikation ist ein zentrales Medium der Veralltäglichung technischer Enhancements. An ihr lässt sich auch die Problematik der Weltoffenheit gut erkennen. Eine soziologische Analyse der wohl derzeit populärsten Cyborgtechnologie für den Einsatz im sozialen Alltag – dem *Google Glass* – kann dies zeigen.

Bei diesem Brillenaufsatz handelt es sich um ein mit dem Internet vernetztes Head-up-Display, das auf einen Brillenrahmen montiert wird und das in das Wahrnehmungsfeld laufend Informationen einblenden kann. Durch die integrierte Digitalkamera und die verortende Vernetzung verfügt das Gerät über Umwelt- und Standortinformationen, die nach dem Abgleich mit entsprechenden Datenbanken über die Welt gelegt werden können. »Es ist ein Gerät, das die Wirklichkeit laufend beschriftet.« (Harrasser 2013: 79) Während gewöhnliche Sehhilfen eine Wahrnehmungsschwäche ausgleichen, fügt die Google-Brille der Wahrnehmung etwas Kulturelles hinzu, nämlich Text. Sie produziert eine »erweiterte« Realitätswahrnehmung (»augmented reality«). Es handelt sich um ein technologisches Enhancement des Sehsinns (Abb. 2).

Aus einer anthropologisch-ethischen Perspektive kann die Nutzung dieses Wissens problematisch werden, wenn sie die Weltoffenheit der Nutzerinnen und Nutzer und generell der Betroffenen einschränkt. Dies ist durchaus zu bedenken, da die Technologie die Erfahrungswirklichkeit mit einem Text überzieht, d. h. das Wahrgenommene wird durch einen vernetzten hermeneutischen Mechanismus laufend »vorausgelegt«. Bei der Datenbrille handelt es sich um ein »Instrument zur Durchsetzung von Bedeutungen« (Haraway 1995b: 167). Mithilfe der technisch »erweiterten Realität« lässt sich also das »Weltbild« der Nutzerinnen und Nutzer dieser Technologien beeinflussen. Die alltägliche Informationsregierung dieser Datenbrille erlaubt es, auf Entscheidungs- und Handlungswahrscheinlichkeiten sowie auf Deutungsprozesse Einfluss zu nehmen. Dies gelingt umso besser, als die Google-Server mit jeder genutzten Brille Informationen über das Verhalten der Nutzerinnen und Nutzer und über die Welt sammeln. *Google* kann daher als ein vieläugiges Ungeheuer erscheinen, als ein moderner *Argos*.

Abbildung 2: Google Glass im Brillenrahmen

Quelle: en.wikipedia.org, Bild: Mikepanhu

Mit Foucault kann dieses Cyborg-System als eine mit dem Sehsinn verknüpfte Machtanordnung begriffen werden. Foucault definierte Macht als »ein Ensemble von Handlungen in Hinsicht auf mögliche Handlungen« (Foucault 1987: 255). Mittels dieses Ensembles wird auf die Handlungsmöglichkeiten von Individuen eingewirkt. Macht »operiert auf dem Möglichkeitsfeld, in das sich das Verhalten der handelnden Subjekte eingeschrieben hat: sie stachelt an, gibt ein, lenkt ab, erleichtert oder erschwert, erweitert oder begrenzt, macht mehr oder weniger wahrscheinlich; im Grenzfall nötigt oder verhindert sie vollständig; aber stets handelt es sich um eine Weise des Einwirkens auf ein oder mehrere handelnde Subjekte«

(Foucault 1987: 255). Macht besteht demnach aus *Techniken des Regierens*, d. h. aus bedachten und berechneten Handlungsweisen, die darauf zielen, »das Feld der eventuellen Handlungen der anderen zu strukturieren« (Foucault 1987: 255). Sie beruht auf der Einwirkung auf die Möglichkeitshorizonte sozialen Handelns, d. h. sie manipuliert Wahrscheinlichkeiten und gibt der Kontingenz sozialen Handelns eine Richtung.

Und die Datenbrille funktioniert genau in diesem Sinne: Die Selbstführung der Nutzerinnen und Nutzer kann mittels der eingespeisten und bearbeiteten Informationen beeinflusst bzw. »geführt« werden. Es handelt sich um eine Cyborg-Technologie, die durch Informationssteuerung ein indirektes Regieren – das »Führen der Führungen« (Foucault 1987: 255) – erlaubt. Das wirft Fragen nach den Machtoptionen des dahinter stehenden Konzerns auf, denn es handelt sich nicht um einen demokratisch institutionalisierten und transparenten Prozess der Informationsverarbeitung, sondern um eine der gesellschaftlichen Kontrolle entzogene, nicht zuletzt ökonomisch motivierte und eigensinnige Interpretationen überschreibende Informationspolitik. Wer »regiert« in welcher Weise über die Informationen, die die Datenbrille verfügbar macht?

Dabei betrifft die Informationspolitik von *Google Inc.* nicht nur Geschäfts- und Vertragspartner, sondern auch alle die, die mittels der vernetzten Blicke ins Visier genommen werden. Selbst wenn *Google* auf automatische Gesichtserkennung verzichtet – andere Firmen arbeiten längst an einer entsprechenden App –, so wird die informationelle Selbstbestimmung Dritter tangiert. Erstens, weil die unauffällig aufgenommenen Informationen auf Servern des Unternehmens gespeichert werden, ohne dass man dem widersprechen könnte. Überhaupt ist längst eine Akzeptanzkultur entstanden, die eine nicht mehr einholbare Zustimmungszumutung erzeugt. Sehenden Auges wird man durch AGBs entrechtet. Zweitens ist die informationelle Selbstbestimmung Dritter betroffen, weil sich mit der Google-Brille die ohnehin schon gängige »wilde« Produktion von Medieninhalten seitens der Nutzer weiter ausweiten dürfte. Deshalb bedarf es dringend eines kritischen Reflexionsdiskurses, der die Problematik einer Ethik der Produktion und des Inhalts alltäglicher digitaler Aufnahmen aufwirft (vgl. Bohrmann 2002; Hausmanninger 2002b). Denn nicht erst mit der Google-Brille werden die ethischen Probleme der Produktion von Medieninhalten ein allgemeines Problem, das nicht länger nur Filmstudios oder Fernsehsender betrifft.

Darüber hinaus ist *Google Glass* eine soziologische Maschine, da die leiblich-sinnliche Erfahrung, sogleich von einem kollektiven Deutungsrahmen überschrieben wird, mit dem sie abgeglichen werden kann. Der Gewinn für das verdatete und vernetzte Individuum ist soziale Anschlussfähigkeit, die in der Individualisierungsgesellschaft eine nicht selbstverständliche und riskante Ressource darstellt. Cyborgs sind daher »süchtig nach Kontakt« (Haraway 1995a: 36). Sie verspüren ein starkes Bedürfnis, sich in dem weltumspannenden medialen Identitäts- und Sinnangebot als »globalisiertes Ich« (Schimank 2004) permanent zu readjustieren. Die mediale Nachregulierung des Selbst (»Selbstsozialisation«) ist dabei der Modus, mittels dessen humane Cyborgs eine anschlussfähige Identität konstruieren. Das Risiko, dass die eigene Erfahrung und Kommunikation den Diskurs aufsprengt, sich als sperrig und widerständig erweist, wird durch die vernetzten Sinnvorgaben von Datenbrillen und anderen sozialen Medien schlicht gesenkt. Der Effekt dieser Medien- und Cyborgtechnologie ist also eine Kollektivierung des Individuellen, die der »Kontroll- und Reintegrationsfunktion« entspricht, die Ulrich Beck als Kehrseite der Individualisierung identifiziert (Beck 1986: 206).[11] Das erhöht die Brisanz der kritischen Frage nach den Führungs- und Steuerungsmechanismen.

In Anlehnung an die Kulturwissenschaftlerin Yvonne Spielmann kann man das unaufdringliche Führen mittels »erweiterter« Erfahrung und »vernetzter« Sinnangebote auch als eine Form »repressiver Hybridation« fassen (Spielmann 2010: 71). Damit ist gemeint, dass die vereinheitlichenden Standards der durchökonomisierten globalen und digitalen Kultur Differenzen entwerten. Spielmann kritisiert daher »eine kulturindustrielle Überformung der ästhetisch-technisch realisierbaren Vielfalt der Begegnung und Handlung in der virtuellen Realität« (Spielmann 2010: 74). Damit warnt sie davor, dass die Möglichkeiten der begegnenden und erfahrenden Kommunikation – also der Weltoffenheit – eingeschränkt werden könnten, obwohl die technologischen Kommunikationsmöglichkeiten ungeheuer erweitert werden.

Aber repressive Hybridation impliziert immerhin eine kulturelle Homogenisierung und damit das Glätten potentieller Konfliktkanten. Was aber, wenn die Userinnen und User sich in eine Ego- oder Gemeinschafts-Blase einspinnen und sich gewissermaßen der Welt verweigern? Schon jetzt wer-

11 Siehe Kapitel 9.

den Nutzerdaten von sozialen Medien so genutzt, dass die bestehenden Sichtweisen und Interessen automatisch verstärkt werden (»Filterbubble«). Man spiegelt sich dann in sich selbst und in der kleinen Welt der Freunde, Interessen und Meinungen, die man sich zurechtgestrickt hat; man verfängt sich in seinem eigenen Profil (Meckel 2010). Mit dem Soziologen Jean Baudrillard kann diesbezüglich von einer »fraktalen Subjektivität« gesprochen werden. In Anspielung auf das Spiegelstadium, in welchem Selbstbewusstsein sich als Gebrochenheit in sich selbst erfährt (Lacan 1996), sprach Baudrillard von den »Scherben eines Spiegels«, wobei in jeder Scherbe das Subjekt selbst erscheint. Das Subjekt spiegelt sich nicht mehr im Fremden, sondern nur noch in seinen eigenen Fragmenten, »da es keine Grenze mehr gibt, die man überqueren könnte« (Baudrillard 1986: 5). Eine solche Tendenz wird selbstverständlich gefördert, wenn die durch Suchmaschinen und soziale Medien gesteuerte Kommunikation ihre Vorschläge auf der Basis vergangenen Nutzungsverhaltens errechnet. Damit aber entsteht auf der Ebene der soziologischen Technologie ein neues Risiko, denn solche Fraktalisierung senkt die soziale Anschlussfähigkeit im Allgemeinen, während sie sie innerhalb der verkapselten Sinnsphäre erhöht. Auch die vernetzten Cyborgs können sich in digitalen Gemeinschaften und in ihrer »Identität« einigeln. Dann verweilen sie im Meinungsraum ihrer Gemeinschaft und verschließen sich der Öffentlichkeit. Daher ist unter den Bedingungen der Cyborg-Kommunikation durchaus mit neuen kulturellen Reibungen zu rechnen, die dann entstehen, wenn eingekapselte Sinnsysteme von den öffentlichen Kommunikationsmustern nicht mehr ausreichend integriert werden können.[12]

Zu bedenken ist bei aller Kulturkritik an dem hybriden kommunikativen Machtdispositiv allerdings immer, dass die Nutzerinnen und Nutzer von *Google Glass* bzw. sozialen Medien generell sich nicht einfach in ferngesteuerte und manipulierte Medienzombies verwandeln, wenn sie sich einloggen. Die Frage, wie sie mit der beschrifteten und gefilterten Wirklichkeit umgehen, ist vielmehr eine ihrer Medienkompetenz, die sich nach Dieter

12 Der *Pegida-Effekt* wäre ein Beispiel für einen solchen Kommunikationskonflikt: Soziale Bewegungen wie die »Patriotischen Europäer gegen die Islamisierung des Abendlandes« zeichnen sich ja gerade durch eine verdichtete selbstbezügliche Kommunikation aus. Zugleich negieren sie Differenz, Ambivalenz und Ambiguität und wenden sich von der »offiziellen« medialen Öffentlichkeit ab.

Baacke in die vier Bereiche Medienkunde, Medienkritik, Mediennutzung und Mediengestaltung aufschlüsseln lässt (Baacke 1996). Zur *Medienkunde* gehören die technischen Fertigkeiten sowie Kenntnisse über *Google* und den Umgang des Konzerns mit den gewonnenen Daten sowie über die Herkunft der eingeblendeten Informationen. Unter *Medienkritik* fällt die problematisierende und reflexiv auf sich selbst bezogene Auseinandersetzung mit dem Machtdispositiv, in das man sich durch den Vertrag mit *Google* oder einem anderen Anbieter begibt. Hierzu zählt auch die Fähigkeit, die angebotene mediale Weltdeutung zu hinterfragen. *Mediennutzung* und *Mediengestaltung* liegen im Falle von Datenbrillen – aber auch im Falle von Mobiltelefonen – eng beieinander, da sie zur Produktion von Medieninhalten einladen, die dann über soziale Netzwerke einer mehr oder weniger eingeschränkten Öffentlichkeit zugänglich gemacht werden. Hierbei sind medienethische Normen zu beachten – insbesondere solche, die Persönlichkeitsrechte und inhaltliche Aspekte betreffen.

Schon beim Umgang mit digitalen Aufnahmen in den sozialen Medien tun sich Problemfelder auf (Stichwort »Cyber-Mobbing«). Es kann davon ausgegangen werden, dass sich dies mit der Google-Brille nicht ändern wird. Es muss aber auch klar sein, dass solche normativ als illegitim betrachteten Nutzungsweisen, eben immer noch »Nutzungsweisen« darstellen. Diese »Nutzer« sind leiblich gesehen Mischwesen und Cyborgs, haben aber dennoch ihren Umgang mit sich selbst und anderen soweit zu *verantworten*, wie ihre Handlungsfähigkeit reicht. Eine solche Handlungsfähigkeit liegt zum Beispiel dann vor, wenn man Entscheidungen darüber fällen kann, wie die Google-Brille gebraucht wird und wie mit den verfügbaren Informationen umgegangen wird. Diese Handlungsfähigkeit wird nicht prinzipiell dadurch außer Kraft gesetzt, dass man nicht über alle Informationen verfügen kann, weil *Google* sie nach eigenem Gutdünken auf seinen Servern speichert und zu neuen Informationen verarbeitet. Vielmehr erscheint dieses Verhalten des Konzerns ja gerade deshalb als gravierendes Problem, weil die Nutzerinnen und Nutzer von Google enteignet und in ihrer Informationsfreiheit beschnitten werden, ohne dass es dafür eine legitime Grundlage gäbe (es gibt nur ökonomische Gründe). Für die Aufrechterhaltung dieser Handlungsfähigkeit sind Medienkompetenzen von zentraler Bedeutung, die über den Bereich der bloßen technischen Bedienung (Medienkunde) hinausreichen. Medienkompetenz ist für Cyborgs eine Freiheitsfrage, da ihnen technologische Organe und Sinne nicht mehr äußerlich sind und sie deshalb in besonderer und neuer Weise in digitale Machtdispositive eingebettet sind.

Allerdings verfrachtet Medienkompetenz Cyborgs nicht auf einen Planeten der »totalen Freiheit«; vielmehr stellt der Diskurs zu Medienkompetenzen selbst eine spezifische Form der Ausgestaltung dieses Machtdispositivs dar. Es handelt sich um einen medienpädagogischen und humanwissenschaftlichen Ansatz – und gerade die Pädagogik spielt in der Geschichte des liberalen Machtmodells eine entscheidende Rolle (Dreßen 1982). In diesem Rahmen allerdings folgt der Medienkompetenzansatz der Leitfrage »inwieweit Medien Handlungsmöglichkeiten erschließen« und »ästhetische Erfahrungen erweitern« (Baacke 1996: 4). Es geht im Anschluss an Theorien zur Handlungs- und Kommunikationskompetenz (Habermas 1971) darum, die Möglichkeiten für einen positiven und prosozialen Selbstvollzug mittels neuer Technologien zu erhalten bzw. zu erweitern. Letztlich ist der Medienkompetenzansatz eine Cyborgtheorie, die weiterverfolgt werden sollte. Sie besagt erstens, dass Menschen auch als Cyborgs Verantwortung für ihre Lebensführung und für ihr Verhältnis zu andern zukommt und dass diese Verantwortung genutzt werden kann und soll. Zweitens besagt sie, dass ihnen aufgrund des technologischen Fortschritts *neue und potentiell bessere Möglichkeiten* des Welt- und Selbstbezugs offen stehen. Es handelt sich also um einen der Technologieentwicklung prinzipiell positiv zugewandten Ansatz und nicht um eine kulturkonservative Bewahrpädagogik. Wenn aber Cyborgs kommunikativ kompetent sind (oder zumindest sein könnten), dann sind sie wie alle Mediennutzer als prinzipiell »mündige« Medienwesen zu adressieren (Baacke 1996: 7). In den Blick treten damit einerseits Risiken, die diese Mündigkeit in Frage stellen, und andererseits Möglichkeiten der Kompetenzförderung, -erweiterung und -sicherung.

Das alles heißt, dass Google-Cyborgs nicht schlicht zum Anhängsel oder zum Servomechanismus der Technik werden. Denn *jede* Machtanordnung, so verdichtet sie auch sein kann, reguliert lediglich die *Möglichkeitsfelder* von Handlungen und Lebensprozessen. Sie operiert als Steuerung über sinnhaften Handlungsoptionen. Am Beispiel der Google-Brille wird dies deutlich. Die Medienkompetenz von Cyborgs hebt diese Machteinbettung nicht auf – aus dem strategischen Feld der Macht kommt die Gesellschaft nicht heraus (Foucault 1992; Plessner 1953) –, sondern gestaltet sie »nur« in einer anderen Form, einer Form, die den aus der Aufklärung stammenden Anspruch auf subjektiv bestimmten Lebensvollzug nicht aufzugeben bereit ist.

Bei aller Betonung der »Cyborgkompetenzen« darf man nicht vergessen, dass sich nicht alle Probleme, die sich durch die Datenbrille ergeben, auf die Medienkompetenz der Nutzerinnen und Nutzer abwälzen lassen – insbesondere nicht das Problem der praktisch unkontrollierbaren Datenspeicherung auf Firmenservern. Hier ist vielmehr gesetzgeberisches Handeln gefordert. Vor allem aber sollte deutlich geworden sein, dass die Kommunikationstechnologie *Google Glass* keine prinzipielle Negation humaner Weltoffenheit darstellt, sondern vielmehr in gesellschaftliche Machtkontexte eingebettet ist. Machtstrukturen sind aber nichts, was prinzipiell mit der menschlichen Weltoffenheit unvereinbar wäre; vielmehr folgt aus der Unbestimmtheit des Menschen für ihn die Notwendigkeit, »sich selbst als geschichtsbedingend« und damit als geschichtsmächtig und gesellschaftsgestaltend zu verstehen (Plessner 1953: 281).

Auch das Risiko der Weltabschottung durch Einigelung in digitalen Gemeinschaften und Identitäten ist zu relativieren. Denn Cyborggemeinschaften sind *immer* gesellschaftlich rückgebunden, weil sie in radikaler Weise künstlich vermittelt sind. Diese Vermitteltheit steht für »Gesellschaft«, denn, wie Plessner argumentiert, »jeder Verkehr zwischen Menschen, welcher […] der künstlichen Mittel bedarf, hebt sich aus der Gemeinschaftssphäre heraus und wirkt gesellschaftlich« (Plessner 2002: 40). Die leibliche Technologie ist daher eine Grenze der Gemeinschaft und verweist sie immer schon auf Gesellschaft, auf Welt. Im soziodigitalen Alltag wird diese Öffnung zur Gesellschaft dann offensichtlich, wenn die Freunde oder die Freundesfreunde irritierenderweise und zum wiederholten Male scheinbar unhaltbare oder falsche Meinungen verkünden. Die »Konsensillusion« löst sich in »Wir-Verwirrung« (Passig 2013) auf:

»Trotz der Beschwörung der Filterbubble, die dank homogener Bekanntenkreise alle kontroversen Themen zuverlässig ausschließen soll, ist in den sozialen Netzwerken auf gar nichts Verlass. Egal, wie selbstverständlich eine bestimmte Haltung zu Homoehe, Religion oder Fahrradhelmen einem selbst erscheinen mag, am Rande und oft sogar inmitten des Bekanntenkreises gibt es immer jemanden, der sie nicht teilt und daraus kein Geheimnis macht. Kaum hat man sich mühsam die Vorstellung eines in den wesentlichen Fragen einigen ›Wir‹ gebildet, da stellt sich bei der nächsten

Gelegenheit heraus, dass es sich bei der Hälfte dieses *Wir* in Wirklichkeit um *Die Anderen* handelt.« (Passig 2013: 1016)

Was Kathrin Passig hier für die digitale Sozialwelt beschreibt, ist das von Plessner angezeigte Moment, dass eine durch künstliche Medien vermittelte Gemeinschaft (und welche wäre das nicht), an ihren Rändern offen ist und daher nie völlig homogen sein kann. Nur durch periodische Säuberungen und Verbannungspraxen – also zum Beispiel durch das Ausdünnen der Freundesliste – kann die Konsensillusion aufrechterhalten werden.

In den letzten beiden Kapiteln wurden bereits Zusammenhänge zwischen einer Optimierungs- und Upgradekultur und der Cyborgisierung sichtbar. Zum Beispiel zielen industrielle Technologieanwendungen der Exo-Hand auf eine Verbesserung von Ausdauer, Kraft und Präzision. *Google Glass* sozialisiert die unmittelbare Erfahrung, indem sie sie mit Text und Bildern anreichert und dadurch steuernd in die Sinnfäden der Gesellschaft einspinnt. Erfahrung wird so im Hinblick auf soziale Anschlussfähigkeit »optimiert«. Im Folgenden wird aber von der Gegenwart in eine genealogische Perspektive gewechselt, um die historischen Spuren dieser Upgradekultur aufnehmen zu können.

5 Prothese

> »Auch der Kriegsbeschädigte ist ein Mensch und kein Hund wie leider heute schon wieder so viele denken.«
> BESCHWERDEAKTE AUGUST FISCHER, BRIEF VOM 26.10.1921

Prothesen sind zunächst nur Ergänzungen des Körpers, die in der Regel dann genutzt werden, wenn dieser ein Handicap aufweist. Das können Kriegsverstümmelungen, Unfallschäden, altersbedingte Einschränkungen der Sehkraft, angeborene oder genetisch verursachte »Behinderungen« etc. sein. In solchen Fällen versucht man, mittels künstlicher Ersatzglieder oder -organe diesem »Mangel« abzuhelfen oder ihn zumindest abzumildern. Schon zwischen dem 15. und 17. Jahrhundert waren eiserne Handprothesen keine vereinzelten Phänomene. Ein Beispiel ist die durch Goethe bekannt gemachte eiserne Hand des Götz von Berlichingen. Dieser Raubritter und Kriegsherr aus der Renaissance ließ sich, nachdem ihm die rechte Hand von einer Kolubrine weggeschossen wurde, zwei mechanische Handprothesen anfertigen, die bis heute erhalten geblieben sind. Eine der Prothesen zeichnet sich durch eine beeindruckende Feinmechanik aus. Allerdings mussten die Prothesen mit der anderen Hand bedient werden. Seither geht es in der Prothetik darum, eine möglichst organische Einpassung der technischen Körperergänzung zu erreichen. Heute verwachsen mit porösen Titanlegierungen beschichtete Prothesen mit den Knochen und Biochips, Elektroenzephalografie oder kybernetische Mensch-Maschine-Systeme sorgen für ein zunehmend besseres Zusammenspiel von Körper und Technik. Das Leitbild der Prothese hat sich während dieses Fortschritts im 20. und 21. Jahrhundert allerdings transformiert. Statt als Mangelersatz erscheint die Prothese zunehmend als Verbesserung eines an sich mangelhaften Körpers, dessen Einpassung in produktive Kontexte optimiert werden kann und soll.

Sichtbar wird dieser Paradigmenwechsel im und nach dem Ersten Weltkrieg. Der Krieg löste einen regelrechten kulturellen Boom prothetischer Kunstglieder aus, wobei der Schwerpunkt auf Fuß-, Hand-, Arm- und Beinprothesen lag. Anders als die eiserne Hand Berlichingens, waren diese Prothesen aber in der Regel nicht mehr dafür gedacht, auch das Schwert zu führen. Vielmehr ging es darum, kriegsbedingte Versehrungen auszugleichen und im zivilen und werktätigen Nachkriegsalltag besser zurechtzukommen. Sie waren als Lebens- und Arbeitshilfe konzipiert und stellten eine technisch-mechanische Form der Wiedereingliederung der Kriegsversehrten in die Gesellschaft dar (Krumeich 1990: 98 ff.). Wie auch schon Götz eine grobe Alltagsprothese und eine feiner gestaltete Prothese für besondere Anlässe besaß, so gibt es auch nach dem ersten Weltkrieg »Arbeitsarme« und »Schmuck- oder Sonntagsarme«. Interessant ist aber weniger diese Differenzierung, die die Trennung zwischen Erwerbszeit und Freizeit reflektiert, sondern vielmehr der Streit darüber, ob die Prothese möglichst der natürlichen Funktion der Hand nachgebildet sein sollte, oder ob ihre Form an ihrer Funktion im Arbeitsprozess auszurichten sei. Soll sie ein »Armersatz« oder ein »Ersatzarm« sein? (Harrasser 2013: 94) Ersatzarme konnten mit passenden Werkzeugfortsätzen ausgestattet werden, so dass Körper und industrielles Instrument zu einem neuen Dritten verschmelzen konnten.

Aber gerade im Kontext der Idee des Armersatzes versuchte man die kinetischen Prothesen »direkt in den lebendigen Körper zu implementieren« (Kienitz 2001: 231). Dieses Leitbild zielte darauf ab, die künstliche Prothese so an die menschliche Muskulatur anzubinden, dass sie »zum Teil des Körpers« wird (Kienitz 2001: 231). Eine direkte Kraftübertragung von Muskel auf Prothese verwendet etwa das folgende Modell:

»Bei dem willkürlich beweglichen Kunst- und Arbeitsarm Langes […] besteht die Hand aus zwei Teilen: 1. Handwurzel, Mittelhand und Daumen, 2. aus dem Metakarpophalangealgelenk der untereinander verbundenen Finger 2 – 5. Am zweiten Finger ist ein zweiarmiger Stahlanker angebracht, an dessen freien, sich im Daumenballen beweglichen Ende der Zug angreift, dessen Anspannung die Finger schließt, während die Öffnung der Finger eine Feder besorgt. Bei Unterarmamputierten bewirkt Beugung des Ellenbogens Anspannung des Zuges und damit Fingerschluss. Bei Oberarmamputierten werden zwei Züge angewandt, die an der Brustbandage entspringen und zur Oberarmhülse laufen. Durch Heben des Oberarms werden die Züge angespannt und es erfolgt Handschluss.« (Meyburg 1920: 507 f.)

Was in den Konstruktionen willkürlich beweglicher Arm- und Handprothesen zum Ausdruck kommt, ist eine bereits »kybernetisch« anmutende »Wertschätzung der organischen Morphologie, von sensorischen Rückmeldungen und [...] der Ausnutzung von Rückkopplungseffekten« (Harrasser 2013: 95). Zum Beispiel:

»Die aus Leichtmetall hergestellte Kunsthand Sommers [...] ist zugleich eine Breit- und Spitzgreifhand. Sie setzt sich aus dem Greifgetriebe der automatischen Sperrung für die Greifbewegung der Sperrmechanik mit selbsttätiger Lösung für den Daumen und dem doppelten Kugellager des Handgelenks zusammen. Alle Bewegungen, Sperrungen und Entsperrungen erfolgen völlig selbsttätig, ohne Zuhilfenahme der gesunden Hand. Als Kraftquelle können die Muskelkanäle nach Sauerbruch in Frage kommen, aber auch die noch vorhandenen Pro- und Supinationsbewegungen können durch Übertragung als Kraftquelle dienen.« (Meyburg 1920: 509)

Optimierungsgesichtspunkte spielten nach dem Weltkrieg bereits eine Rolle. So wurde die Prothesentechnologie als »Wunder« gepriesen und gab Anlass zu »Träumereien bezüglich der Unvollkommenheit der natürlichen Ausstattung des menschlichen Körpers« (Krumeich 1990: 99). Jenseits solcher Spekulationen, wurden die Körper für die Prothese passend gemacht. Faktisch hieß das, dass Versehrte mehrere Operationen über sich ergehen lassen mussten, bis der Amputationsstumpf die optimale Form hatte, um mit der kinetischen Apparatur eine Verbindung einzugehen. Und je mehr Prothesen technisch normiert wurden, umso mehr musste »auch der menschliche Körper auf operativem Wege diesen Standardisierungen angepasst werden« (Kienitz 2001: 231). Zugleich setzte sich in diesem Anpassungsprozess die ohnehin ablaufende moderne Disziplinierungsgeschichte fort, die darauf hinaus läuft, »Komplexe« aus Körper/Waffe, Körper/Instrument oder Körper/Maschine zu bilden (Foucault 1976: 197). Mittels spezieller »Arbeitsarme« und einer gezielten Vermessung der Körperbewegungen von Kriegsbeschädigten sollte die möglichst optimale Reintegration der Versehrten in das Berufsleben ermöglicht werden.

Es wäre aber zu einfach, die Post-Weltkriegsprothetik nur im Rahmen des Disziplinierungsdispositivs zu deuten. Mit dem prothetischem Ersatzarm kam, wie Karin Harrasser zu Recht argumentiert, etwas Neues ins Spiel. Es ging nicht mehr nur um die medizinische Behandlung eines irgendwie beschädigten oder benachteiligten Körpers, sondern es konstituierte sich eine neue Perspektive, die sich im Gefolge der technisch erstaunlich erfolgreichen Möglichkeiten einstellte, lebendige Körper prothetisch zu verbessern: Nun gibt es »nur noch ein Kontinuum verbesserungsfähiger und verbesserungswürdiger Körper, die prothetisch mit ihren Umwelten verschaltet sind« (Harrasser 2013: 95). Der gesunde und unversehrte Körper befindet sich nicht außerhalb dieses Kontinuums: »Der Normale erscheint nunmehr als ›potentieller Krüppel‹, der Krüppel hingegen ist keiner, solange er produktiv ist.« (Harrasser 2013: 95)

Diese Vorstellung erinnert an das hier vorgeschlagene Reglermodell zur Cyborgisierung, wonach die technologische Erweiterung des Menschen nur eine Verschiebung, aber keine Wesensveränderung markiert (Abb. 1, siehe S. 33). Arnold Gehlen hat diese Verschiebung im Menschenbild, die über die Vorstellung hinausweist, dass »Krankheit« und »Gesundheit« Gegenpole darstellen, mit seiner Formulierung vom Menschen als »Mängelwesen« eingefangen. Demnach bedarf der Mensch des technischen Organersatzes, der Organentlastung und der *Organüberbietung* (!) durch technische Mittel, um überhaupt »Mensch« sein zu können (Gehlen 1961: 93-103). Plessners Formulierung vom Menschen als exzentrisch positioniertem Wesen, weißt in die ganz gleiche Richtung: Dem Menschen ist der Zugang zur Umwelt und zur Mitwelt, ebenso wie zur Innenwelt nur »durch gemachte Zwischenglieder« möglich. Der Mensch wird als ein indirektes Wesen konzipiert, das der »Kompensation seiner Halbheit« bedarf (Plessner 1975: 316, 320).[13]

Für Prothesen konnte offen in Anzeigen, Ausstellungen oder Messen geworben werden. Dies erscheint erstaunlich, denn immerhin wurden dadurch die grausamen Kriegsfolgen offensichtlich, während ansonsten die mediale Berichterstattung der Zensur unterlag, um eine Beeinträchtigung der »Moral« zu verhindern. Der Grund für diesen scheinbaren Widerspruch

13 Die moderne Philosophische Anthropologie, die mit den Namen Max Scheler, Helmuth Plessner und Arnold Gehlen verbunden ist, entstammt ebenfalls den 1920er Jahren.

könnte in jenem neuen Körperparadigma liegen: Es ging in diesem Diskurs eigentlich gar nicht um Kriegsfolgen, sondern um eine Normalisierung der Prothese, mithin um die zumindest implizite Verortung *aller* Körper in einem Mangel- und Erweiterungsdispositiv. Die betreffenden Deutungseliten – Mediziner, Hersteller und Vertreter der zuständigen Sozialbehörden – priesen die Prothesen folgerichtig als innovativen Fortschritt bzw. als Zeichen deutscher Schaffenskraft und versuchten, sie aus ihrem Ursprungskontext – dem Ausnahmezustand des Krieges – herauszulösen. Ihr Diskurs konstruierte den Prothesenmenschen als Normalisierungsphänomen, wodurch Technologie und Soziales zu einem unproblematischen Funktionsganzen verschmolzen werden sollten.

Eine Konsequenz dieses aufkeimenden Kybernetismus ist, dass das disziplinarische Dispositiv der Bildung von Körper-Maschine-Komplexen durch Anreize zur Selbstregierung und Selbstoptimierung ergänzt wird. Kybernetische Modelle arbeiten mit den Paradigmen der Selbstreferenz, Selbststeuerung und Selbstverbesserung. Daher ist es kein Wunder, dass den Kriegsversehrten auch Techniken zur Selbstregulierung ihres neuen Lebens anempfohlen wurden. Psychologen diskutierten, ihnen »eine unternehmerische Laufbahn zu ermöglichen« (Harrasser 2013: 92). Schon hier begann man also damit, die Problemfälle der Gesellschaft mit Subjektivierungsprogrammen zu traktieren, die sie in Unternehmer ihrer selbst verwandeln sollten. Betroffenen wurde »hartes Training« und ein »starker Willen« anempfohlen, um ihre körperlichen Nachteile mittels des technischen Ersatzes auszugleichen. Die Prothese hindere nicht an einem erfolgreichen Leben – vielmehr sei sie eine Herausforderung, mittels der der Einzelne über sich hinauswachsen könne. Das Diskursmodell, das an die Betroffenen herangetragen wurde, ist das des männlichen »Überwinders« von Schwächen bzw. Widerständen (Kienitz 2010: 151; 157).

Auf die wirklichen Erfahrungen der »Prothesenmenschen«, die aus der Selektivität der Prothesen resultierten (Eilers 2012), wurde von den genannten Deutungseliten und den zuständigen Behörden wenig Rücksicht genommen. Im Rahmen des normalisierenden Reintegrationsdiskurses wurde der Bezug zur Kriegserfahrung möglichst unterschlagen, und die spezifischen Bedürfnisse der Versehrten erschienen als »nachrangig« oder sogar als »Störfaktor« (Fries 1997: 571 f.). Die Erfahrungen der Versehrten wurden abgewertet und negiert, d. h. zum Beispiel wurden sie als neurotische Phantastereien oder Betrugsabsichten abgetan. Systemtheoretisch heißt das, dass die medizinisch-prothetischen und sozialbürokratischen Diskurse mit einem Körperkonzept arbeiteten, welches in die Selbstbezüglichkeit des funktionalistischen Sozialcodes sehr gut hinein passte. Machtsoziologisch heißt das, dass der prothetische Reintegrationsdiskurs in Herrschaft umschlug, d. h. »keine ›natürlichen‹ Architekturen« beschränkten die »Gestaltung des Systems« (Haraway 1995a: 50). Sichtbar wird eine kybernetische Gesellschaftsvorstellung.[14]

Bereits hier wird somit ein an die Prothetik geknüpfter, soziotechnischer Herrschaftskomplex sichtbar, der subjektive Erfahrung negiert und in ein Simulationsmodell einschließt. Oswald Wiener – nicht Norbert Wiener! – nannte dies später dann den »Bio-Adapter«:

»der abbau beginnt bei den gliedmaßen [...] der bio-adapter wird mit einem minimum an anästhesierungen auskommen, da er vor der operation alle afferenten bahnen an eigene reizwandler anschließen kann: während z. b. gerade ein bein des biomoduls amputiert wird, geniesst derselbe vielleicht einen erfrischenden fussmarsch durch ungarische landschaften.« (Wiener 1969: CLXXXI)

Hierbei geht es nicht um individuelle Erfahrung, sondern um kybernetische Steuerung »des Subjekts«. Die Anerkennung von Handlungsurheberschaft und Subjektivität wird verweigert:

»sämtliche verhaltensweisen seines insassen betrachtet der bio-adapter als pathologisch-infantile offene handlungsfolgen, deren strukturschema er nach ausreichender analyse der verzweigungen in einen katalog der motivationen sammelt; er stellt variationsbreiten und sprungbedingungen fest, memoriert erstere als hüllkurvenparameter und legt letztere in speicherfelder mit wahlfreiem zugriff ab; seinen eigenen reaktionen assembliert er aus den deduzierten elementen, und stimmt sie mit den monitoren ab auf das alles beherrschende prinzip der therapie.« (Wiener 1969: clxxx)

14 Dass solche Bedingungen einer politischen Entfremdung vieler Kriegsinvaliden von der Weimarer Demokratie förderlich waren, dürfte kaum verwundern (Fries 1997). Adolf Hitler konnte daher Teile der Versehrtenbewegung für sich gewinnen (Löffelbein 2014).

Die Kriegsversehrten selbst nahmen »den technischen Eingriff und die medizinische Nachsorge der Verletzungen als Abweichung und grundlegende Veränderung ihrer ursprünglichen Körperstruktur und ihres früheren Handlungsspielraums wahr« (Kienitz 2001: 231). Ihr Diskurs verlief also gerade konträr zu dem Innovationsdiskurs der Technokraten und thematisierte Schmerzen, Leid und Einschränkungen, Erfahrungen also, die es in der kybernetischen Welt des *Bio-Adapters* nicht gibt, weil er ein Simulationsmodell aus positiven seelischen Zuständen generiert, die beliebig konstruierbar erscheinen (Wiener 1969: CLXXXI). Daher wurde die Kriegsprothese zum Gegenstand eines sozialen Anerkennungskonflikts. Den Kriegsbeschädigtenverbänden gelang es, eine alternative Deutung und Identitätspolitik wachzuhalten, die der Normalisierungsstrategie entgegen stand und die die Deutung der Prothesen als Verkörperung und Ausdruck des Krieges implementierte. Sie schuf damit einen Diskurs, mittels dessen die Kriegsbeschädigten ihre Erfahrungen gegen die Deutungseliten ins Spiel bringen konnten (Fries 1997; Kienitz 2001; 2008).

Für die Gegenwart des frühen 21. Jahrhunderts nun lässt sich grob unterscheiden zwischen invasiven Prothesen – also Implantaten – und Gliederprothesen, wie etwa eine künstliche Hand. Implantate wären zum Beispiel eindeutig medizinische Anwendungen wie Herzschrittmacher, tiefe Hirnstimulation oder auch das *Brain Gate*. In Bezug auf klassische Gliederprothesen, lässt sich, wie schon nach dem Ersten Weltkrieg, ein Übergang zu Optimierungskontexten feststellen. Die bereits diskutierte Exo-Hand ist sowohl im Rahmen der medizinischen Therapie als auch im Kontext industrieller Arbeit nützlich. Im ersten Fall geht es um Hilfen bei der Therapie von Schlaganfallpatienten mit Lähmungserscheinungen. Zusammen mit einem *Brain Computer Interface* (BCI) bildet die Hand eine geschlossene Feedbackschleife, die das Training von Bewegungen und damit die Neubildung der Verbindung zwischen Gehirn und Hand unterstützt (Festo 2012: 4). Im industriellen Kontext werden Exoskelette als Unterstützung für ältere Arbeitnehmer diskutiert. Gleichfalls können Ermüdungserscheinungen, die sich bei bestimmten Körperhaltungen natürlicherweise einstellen, ausgeglichen werden. Damit werden selbst für gesunde Körper Erweiterungen bereitstellt, die sie einem den Anforderungen der technischen Umgebung genügenden Standard anmessen.

Wenngleich physische und psychische Kriegsversehrungen zu Beginn des 21. Jahrhunderts weiterhin eine Rolle spielen, stellt dieses Feld nicht mehr den Kernbereich prothetischer Verbesserungs- und Selbstführungsdiskurse dar. Die »totalen« Verstümmelungskriege liegen zu lange zurück. Das Feld dieser Diskurse ist heute vielmehr der ursprünglich aus der Wehrerziehung entsprungene Leistungssport. Auch hier hat man es mit einer eingrenzbaren Anzahl von »Probanden« zu tun, die aber als Signum für die gesamte Kultur genommen werden können, da dem Körper- und Selbstverhältnis von Leistungssportlerinnen und -sportlern eine öffentliche und pädagogische Vorbildfunktion zukommt. Der Leistungssport kann daher durchaus als verdichtetes Modell der Gesellschaft angesehen werden (Lenk 2007: 220). Im Unterschied zur normalen Medizin herrscht in der Sportmedizin aber ein anderes Behandlungsdispositiv vor. Während erstere noch dem Leitmotiv der »Therapie« zu folgen scheint, geht es in letzterer um »Leistungssteigerung« und Erweiterung der Möglichkeiten des Selbst in der Konkurrenz zu anderen Selbsten (McNamee 2007). Es ist daher kein Wunder, dass sich ein Diskurs darüber entfaltet, wie weit diese Steigerungslogik auf künstliche Mittel, also auf Prothesen oder Doping, zurückgreifen darf (Tamburrini/Tännsjö 2007). Jenseits der Sportethik – das ist nach eine Reihe von Dopingskandalen in großen Wettbewerben allgemein bekannt – sind solche Erweiterungsmaßnahmen längst Praxis.

Notwendige Praxis sind sie auf jeden Fall im Parasport. Und dies ist auch der Grund, warum sich dieser so großer Aufmerksamkeit und so viel öffentlichem Zuspruch erfreut. Werden die Sportler der *Paralympics* deshalb verehrt, weil die Gesellschaft plötzlich ihr Herz für Versehrte entdeckt hätte? Individuelle Benachteiligungen unterliegen nach wie vor der Stigmatisierung und stellen für die Betroffenen ein erhebliches Exklusionsrisiko dar (Maschke 2003). Werden die Paralympic-Sportler nicht vielmehr deshalb bewundert, weil sie Besonderes leisten, weil sie kraft ihres Willens einen Nachteil in einen Vorteil gewendet haben? In einer Optimierungskultur sind sie nachgerade ideale Vorbilder, da sie sich über körperliche und soziale Limitationen hinwegsetzen. Folgerichtig werden sie auch als »Superhumans« beworben (Harrasser 2013: 35 f.). Ähnlich wie das Märchen vom Tellerwäscher, der zum Millionär wurde, wird hier eine Geschichte der Selbstführung und Selbstkontrolle erzählt, die das Ideal eines funktionsadaptiven Selbstempowerments formuliert. Soziale Umweltbedingungen und körperliche Restriktionen sind nichts über das das Selbst sich nicht hinwegsetzen könnte, wenn es nur die richtige Perspektive einnimmt und seine Möglichkeiten erweitert (Bröckling 2007: 195 f.). Insofern diese

Technologie der Selbstführung sich historisch gesehen längst verallgemeinert und generalisiert hat, kann überhaupt nicht mehr davon gesprochen werden, dass Prothetik und Erweiterung sich auf »therapeutische« oder »medizinische« Fälle beschränken. Vielmehr sind alle ständig zur produktiven Verbesserung ihrer selbst aufgefordert.

Im Sport und insbesondere im Parasport schreibt sich daher ein prothetischer Erweiterungsdiskurs fort, der mit dem Ersten Weltkrieg begann. In beiden Fällen bezieht sich die konkrete Technologie jedoch nur auf bestimmte soziale Gruppen; der Verallgemeinerungseffekt liegt vor allem im symbolisch-diskursiven Bereich und in den Subjektpraxen erwünschter Selbststeuerung. Es gibt aber Hinweise dafür, dass sich dies ändert.

Deutlich machen lässt sich dies anhand von Sinnesprothesen, denn diese stellen Vorreiter auf dem Feld der Neurochipschnittstelle dar. Schon lange ist es möglich, eingeschränkte Sinnesfunktionen durch kybernetische Implantate auszugleichen, die über eine elektronisch-neuronische Schnittstelle verfügen. Das bekannteste Beispiel hierfür ist das seit Jahrzehnten erprobte *Cochleaimplantat*. Dabei handelt es sich um eine Hörprothese, die bei Taubheit in die Ohrschnecke (Cochlea) implantiert werden kann, wobei der physiologische Reizwandler (Corti'sches Organ) durch einen elektronischen Umwandler ersetzt wird. Die mittels eines äußeren Mikrophons aufgenommenen akustischen Daten werden von einem Mikroprozessor in optimale Reize verwandelt und über Radiowellen an den im Mastoidknochen eingepflanzten Empfänger-Stimulator übermittelt, der sie in elektrische Impulse umwandelt und den Hörnerv informiert. Für die Augen gibt es vergleichbare Prothesen. Das »epiretinale Implantat« wird auf der Netzhaut befestigt. Eine winzige Videokamera fängt Signale aus der Umwelt auf und leitet sie als Laser- oder Radiowellen an das Retina-Implantat. Die Mikrofolie wandelt die Signale in elektrische Impulse um und gibt sie an die Sehnerven weiter. Technik und organisches Nervensystem werden in beiden Fällen durch elektrische Transmitter aneinander gekoppelt.

Der Übergang zum Körperupgrade liegt im Falle des *Eyeborg* vor. Einen solchen trägt der farbenblinde Musiker Neil Harbisson, um seinen angeborenen Nachteil auszugleichen. Es handelt sich um einen Spektralsensor an einem über den Kopf gewölbten Draht, der Farbinformationen in Töne umwandelt. Der Sensor ist am Hinterkopf fest mit dem Schädelknochen verbunden und vertont die in Grautönen gezeichnete Welt, die Harbissons Augen wahrnehmen können. Das »kybernetische Gerät«, so Harbisson, sei nicht länger ein »Gerät«, also ein »zuhandenes« Instrument im gewöhnlichen Sinne. Daher betrachtet er den Eyeborg als Aspekt seines Leibes und konnte durchsetzen, dass sein Passbild ihn mit der Extension zeigt. Von sich selbst sagt er, dass er sich wie ein »Cyborg« fühle; der implantierte Sensor ist so sehr Teil seines Körpers und Erweiterung seiner Sinne geworden, dass er »in Farbe« träumen kann, weil Software und Gehirn sich »vereinigt« haben. Die implantierte Technologie veranlasst im Falle Harbissons nicht nur eine neue Form der Selbstbeschreibung – eben als »Cyborg« –, sondern zeigt zugleich den Übergang zwischen medizinischer Instandsetzung und optimierender Erweiterung, denn durch den »Eyeborg« ist es nicht nur möglich, eine Einschränkung auszugleichen, sondern vielmehr kann er so erweitert werden, dass auch Ultraviolett und Infrarot in Töne übersetzt werden. Folgerichtig votiert Harbisson für eine Optimierung der Sinne, die den Rahmen der menschlichen Natur überschreitet. Damit können Umweltinformationen, die den Menschen in ihrer »Naturausstattung« verborgen bleiben, nun ebenfalls verarbeitet werden. Aus dem medizinischen Ausgleich ist eine optimierende Erweiterung geworden. Es fällt nicht schwer, sich Cochlea- oder epiretinale Implantate als Erweiterungen des Wahrnehmungsbereichs vorzustellen. Google-Brillen sind das ja bereits, weil sie eine »erweiterte Realität« produzieren. Auch an sensorischen 360°-Erweiterungen wird gearbeitet.

Längst medizinischer Alltag ist die Upgradekultur im soziologisch gut beforschten Bereich der Schönheitschirurgie, die darauf abzielt, eine gegebene, aber als unzureichend empfundene äußere Erscheinung im Hinblick auf ästhetische Normen und Ideale zu optimieren. Ähnliches gilt für die Fitnesskultur, die Intimchirurgie und den Wunsch nach ewiger Jugendlichkeit (Balsamo 1996; 2007; Bublitz 2011; Unterdorfer 2009, Villa 2008a). Wie schon in der Postkriegs-Prothetik geht es dabei um Optimierung und Integration gleichzeitig:

»Seit den Anfängen der plastischen Chirurgie im 16. Jahrhundert und vor allem seit ihrer Popularisierung im 20. Jahrhundert, ist die plastische Chirurgie eine von mehreren möglichen Techniken, den Körper an die viel (Teilhabe, Erfolg, ökonomischer Aufstieg, soziale Reputation) versprechenden Codes der Mehrheitsgesellschaften zu assimilieren. [...] In diesem Sinne ›normal‹ zu sein, hat kaum zu überschätzende rechtliche, politische, ökonomische und kulturelle Vorteile.« (Villa 2008b: 10 f.)

Die Prothetik ist dem medizinischen Kontext zuzuordnen. Eine nähere Betrachtung ihrer Sozial- und Kulturgeschichte zeigt allerdings, dass sie zunehmend zur Metapher für eine veränderte Medizin wird. Diese steht nicht mehr nur im Dienste der Heilung, sondern vielmehr auch im Dienste der Erweiterung der körperlich-individuellen Möglichkeiten. Die Optimierungsimperative werden letztlich an *alle* Individuen herangetragen und drängen auf selbstgesteuerte Erweiterung zwecks Integration in das soziale Gefüge bzw. seine spezifischen Formationen. »Wer sich nicht optimiert, wer nicht dauernd an der Verbesserung seines Körpers und damit seiner selbst arbeitet«, so fasst die Soziologin Paula-Irene Villa den Zeitgeist zusammen, »verdient keine Anerkennung.« (Villa 2008b: 12) Kultureller Rahmen dieser Erweiterung sind Diskurse, in denen Erfahrung und Erleben als informationelle »Konstrukte« erscheinen, welche in den selbstreferentiellen Feedbackschleifen des Bio-Adapters beliebig codiert werden können. Dies erinnert an das, was Baudrillard »fraktale Subjektivität« nennt. Die Selbstkonstitution im Blick des Anderen, mithin soziale Erfahrung, verschwindet aus der Perspektive.

Schon in Bezug auf die Prothetik während und nach dem Ersten Weltkrieg lässt sich eine vergleichbare Paradigmenverschiebung feststellen. In der gegenwärtigen Sport- und Sinnesprothetik, sowie in der Schönheitschirurgie setzt sich dieser Trend fort. Der Behinderte wird »zum Vorläufer« des »*überrüsteten* Gesunden« (Virilio 1994: 164) und einer von Technokraten diskursiv kontrollierten, »produktiven« Form der Selbstführung. Es ist daher wenig verwunderlich, dass die »Prothetisierung« zur Leitmetapher einer fortschreitenden technischen Verbesserung des Menschen wird (Flessner 1997). Hieran knüpfen dann kulturkritische Bedenken an, die die Emanzipation der Prothese und die »Eroberung des Körpers« (Virilio 1994) befürchten.

Hieran knüpfen allerdings auch anthropologische Theorien an, die den Menschen von vorherein in einem Kontinuum der Technisierung sehen und keineswegs der Auffassung sind, dass die Veränderung seiner Gestalt und die Verbesserung seines Leibes Zeichen eines »Endes des Menschen« sind. Insbesondere Helmuth Plessner formulierte – teilweise in Vorwegnahme der kybernetischen Wende – eine Anthropologie und Soziologie, die sich schlicht weigert, eine positive Bestimmung des Humanum zu formulieren. Nur der spezifisch offene Bezug zur Umwelt, zur Mitwelt und zur Innenwelt definiert »den Menschen«. Wie sein Körper ausschaut, ob er neue

Möglichkeiten des Weltzugangs erhält wie beispielsweise einen *Eyeborg* ist vor diesem Hintergrund nicht von Belang, solange der offene Weltbezug gewahrt bleibt. Der Unterschied zum Kybernetismus und zur Informatik der Herrschaft liegt darin, dass diese Anthropologie und Soziologie einen Sinn für Erfahrungen hat. Erfahrungs- und Ausdrucksphänomene wie Lachen, Freude, Weinen oder Schmerz sind insbesondere für Plessner wesentliche Konstituentien dieses Weltbezugs. In ihnen manifestiert sich die Möglichkeit zur subjektiven Erfahrung. Durch Diskurse, Deutungsmuster, Riten und Institutionen werden Erfahrungen vergesellschaftet, aber ihnen bleibt immer etwas Sperriges eigen, etwas, das nicht in der Totalität aufgeht, Kritik und Abweichung zum Ausdruck bringt, Anerkennung und Mitwirkung einfordert und kulturellen Wandel in Gang setzen kann. Dies steht ganz im Gegensatz zur Herrschaftskybernetik, die Sinnbezüge in ein geschlossenes System der Menschenführung einstellt, Erfahrung negiert und Neues durch unendliche Feedbackschleifen zu unterdrücken trachtet. In Plessners Ansatz kann daher eine kritische Soziologie der kybernetischen Wende gesehen werden, d. h. eine Soziologie, die sich in der Lage zeigt, Erfahrungen aufzunehmen. Die Abkoppelung des Körpers als »Informationssystem« vom Erfahrungsraum der Individuen entschlüsselt sich dagegen als der ideologische Sinn des kybernetischen Konstruktivismus. Diesem geht es lediglich um *control*.

Aus dem Gesagten lassen sich Einsichten für eine kritische Theorie der Upgradekultur gewinnen. Es geht nicht darum, eine »Natürlichkeit« des Menschen zu behaupten, der technologisches Enhancement zuwiderlaufe. Vielmehr geht es darum, die Ohren aufzusperren und den ausgedrückten Erfahrungen zu lauschen, die erweiterte Menschen – also Cyborgs – machen. Soziologisch gesehen schlagen Erfahrungen sich in Diskursen nieder. Weil diese immer schon eine Deutungsweise darstellen, besteht die Kunst darin, die leiblich-sinnliche Erfahrung, das Sperrige, herauszuhören. Die Diskurse der Techno- und Cyberkraten dagegen schnurren. Erfahrungen und Eigensinn stören. Beispiel für einen Erfahrungsdiskurs von Cyborgs ist der Diskurs der Kriegsversehrten. Anders als der kybernetische Herrschaftsdiskurs zielte dieser Diskurs nicht auf eine Integration ab, die die Kriegsversehrten lediglich reibungslos einzuspannen trachtet, sondern auf eine, die die in ihrem Körper verdichteten Erfahrungen anerkennt und berücksichtigt.

6 Krieg

> »Wo die Maschine auftaucht, erscheint der Wettlauf des Menschen mit ihr aussichtslos. Wie will sich der Handwerker auf die Dauer gegen die Maschine wehren? Er muss sich zu ihr bekehren oder untergehen.«
> ERNST JÜNGER,
> *ZUKUNFTSSCHLACHT* (1921)

Die Möglichkeit, politische Konflikte durch Gewalt zu entscheiden, ist der Grund dafür, dass das politische Weltsystem sich in einem dauernden militärischen Vergleich befindet. Das impliziert nicht nur eine Logik des Rüstungswettlaufs, sondern auch eine der sowohl sozialen, organisatorischen, operativen als auch technologischen Innovation. Erstere bezieht sich auf die Mobilisierungsfähigkeit gesellschaftlicher Ressourcen, die zweite auf die militärischen Strukturen, die dritte auf die taktischen und strategischen Handlungsfähigkeiten und die letzte auf Waffen-, Kommunikations- und Datenverarbeitungssysteme. In diesem komplizierten Gefüge entstehen immer wieder Krisen, in denen Innovationen bestehende Konzepte überfordern und so ein *Problem* erzeugen. Das klassische Beispiel dafür ist der Erste Weltkrieg, insbesondere die Erstarrung des Krieges in den Materialschlachten an der Westfront. Nach dem Weltkrieg setzte daher insbesondere auf der Verliererseite ein Modernisierungsdiskurs ein, der sich mit diesem Problem nicht nur auf der technologischen oder militärischen, sondern auch auf der gesellschaftlichen Ebene befasste. Ich nenne diesen Diskurs den »kriegsgesellschaftlichen Diskurs«. Es handelte sich um einen kriegs- und gewaltaffirmativen Diskurs, der sich eine moderne und heroische

Kriegsgesellschaft vorstellte, die auf »totaler Mobilmachung« beruhen sollte. Im Kontext dieses Diskurses wird auch die Idee der technischen Optimierung des menschlichen Körpers klar formuliert.[15]

Paradigmatisch für die Kriegserfahrungen, die in den 1920er Jahren in zahlreichen Berichten literarisch und öffentlich verarbeitet wurden, war der Stellungskrieg an der Westfront. In den Materialschlachten an der Westfront – dem »Maschinenkrieg« (Weber 1985: 566) – wird der Mensch in die Erde gedrängt: in den Unterstand, den Schützengraben, den Granatentrichter und den Bunker: »Die Macht der Maschine zwingt den Menschen in die Erde. [...] Die Materie triumphiert, der Mensch selber wird nur als Material gewertet.« (Soldan 1925: 35) Dabei artikulieren sich *Grenzerfahrungen.* »Die Grenzpfähle des Lebens«, so der Kriegstheoretiker und Frontoffizier George Soldan, »sind in all' diesen Kämpfen überschritten worden« (Soldan 1925: 49). Diese Diskurse beschrieben ein anderes, neues Verhältnis zwischen Körper und Technik.

An der Westfront verflüssigten sich die Grenzen des Subjekts. Schlamm löste die Differenzen auf. Trichterfelder schienen die Körper verschlingen zu wollen. Das soldatische Subjekt fühlte sich verloren in einer Körpermasse, einem militärischen Organismus, der mit titanischer »Naturgewalt« auf feindliche Kollektivorganismen zu treffen schien. Es war, als seien die Körper nur mehr »Kanonenfutter« gewesen, lebendiges Material, das im »unpersönlichen Trommelfeuer der Schützengräben« (Spengler 1933: 40) von Maschinenwaffen verschlungen wurde. Der Körper erschien als bloßes Material, als Naturstoff. Zugleich schwand der kulturelle Subjektstatus des Kriegers, zum Beispiel des Kavalleristen. Die Kavallerie war das Ideal des »ritterlichen« Helden, von »Stolz, Abenteuerlust und Heldentum umwittert« (Spengler 1933: 39). Eben jenes Heldentum löste sich im Stellungskrieg auf. Denn dieser war eine Wirkung des Maschinengewehrs, das selbst den beweglichen Körpern der Kavallerie problemlos folgen konnte und ihren schnellen Ritt im Kugelhagel stoppte.

In Widerstandsnestern netzartig und kontingent über das Gelände verteilte Maschinengewehre füllten den Raum mit tödlichen Geschossen. Das Gas sank, vor den Sinnen verborgen, in Gräben, Löcher und Unterstände.

---

15 Da hier vor allem die Frage der technischen Optimierung des Körpers in kybernetischen Bezügen interessiert, werde ich die Problematik der Kriegsgesellschaft nicht weiter vertiefen. Vgl. dazu Spreen 2008: 160-225 und Kruse 2012.

Schwere Artillerie grub die Erde um und löschte die Strukturen der Friedenslandschaft aus, so dass zwischen Frontlinien eine »Gefahrenzone« entsteht (Lewin 2006). Jeder Ort konnte jederzeit tödlich sein. Ich nenne dieses durch »Raumwaffen« verursachte Phänomen den *Terror des Raumes* (Spreen 2008: 176). Im ersten Weltkrieg kamen zum ersten Mal solche Waffen, die mittels Verräumlichung der Gewalt wirken, massenhaft zum Vorschein, zum Beispiel: Flammenwerfer, Maschinengewehr, Giftgas, auch das Flugzeug, das aufgrund seiner Geschwindigkeit und Plötzlichkeit den Luftraum und den Boden darunter in eine permanente Gefahrenzone umwandelt. Überleben wird dadurch mehr und mehr zum Zufall, Dasein und Kontingenz werden identisch.

Abbildung 3: Plakat nach einem Entwurf von Ludwig Hohlwein

Druck: H. Sonntag, München 1929

Die verstörende Erfahrung der Wirkung neuer Raumwaffen erzeugte nach dem Krieg eine plurale und widersprüchliche Diskurslage. Neben pazifistischen Diskursen, die in der Wirkung der neuen Raumwaffen und den von ihr hervorgebrachten Verstümmelungen und Versehrungen vor allem einen Beweis gegen den Krieg sahen (Friedrich 1924), manifestierte sich der kriegsgesellschaftliche Diskurs, der vor allem darüber nachdachte, »Versailles« mit gewaltsamen Mitteln rückgängig zu machen.

Dieser Diskurs hatte sich in der Zwischenkriegszeit letztlich durchgesetzt; er mündete in die Machtergreifung Hitlers und endete konsequent im nächsten Weltkrieg. Mit diesem nationalkonservativen oder nationalrevolutionären Diskurs wurde eine Interpretation der Kriegserfahrungen vorherrschend, der aus diesen Erfahrungen keineswegs eine pazifistische Lehre zog. Vielmehr propagierte dieser Diskurs ein neues Soldatenbild. Der Soldat sollte ein moralisch gehärteter Krieger sein, der sich ganz auf seine Funktion konzentrieren soll. Gefördert wurde eine Dissoziationsmentalität, in der die moralische Verantwortung des Einzelnen suspendiert wurde (Hüppauf 2013: 444-453). Zum Symbol dieser moralischen Härtung für die technische Schlacht wurde der Stahlhelm der Verdun-Kämpfer. In einem nach dem Entwurf von Ludwig Hohlwein erstellten Plakat kommt dies verdichtet zum Ausdruck (Abb. 3). Der Literaturwissenschaftler Bernd Hüppauf analysiert dieses Bild von 1929 folgendermaßen:

»Das von Stahl bedeckte und entpersönlichte Gesicht zeigt Entschlossenheit und Kraft, aber die Proportionen lassen es als eine Verlängerung der großen leeren Fläche erscheinen, die den Stahlhelm repräsentiert, der mehr als jedes andere Ausrüstungsteil des Soldaten zum Symbol des veränderten Charakters des Krieges und der in ihm kämpfenden Soldaten wurde. […] Der Stahlhelm repräsentierte die moderne, technische und funktionale Erscheinung des Kriegs.« (Hüppauf 1996: 81 f.)

Der kriegsgesellschaftliche Diskurs suchte den anonymen, namenlosen und letztlich nur statistisch erfassten Tod, der in der Materialschlacht statthatte, ins Positive zu wenden und aus diesem Phänomen moralische Resultate zu gewinnen. Eine dieser Lehren war die Konstruktion eines »neuen Soldaten«, dessen Selbstverständnis letztlich ein professionelles, wenngleich heroisch überdeterminiertes Arbeitsethos sein sollte. Dieses Ethos bestand darin, aus- und standzuhalten, das Material effizient einzusetzen, im Angesicht der Gefahr umsichtig zu handeln und die Möglichkeit des Todes gleichgültig hinzunehmen. Gefühle, die die Arbeit behindern könnten, waren auszuschalten: »Amoralisch, kalt, funktional, erfahren, hart sollten die Männer sein, die keine Ideale, mit denen sie sich identifizieren konnten, und keinen Enthusiasmus, um ihren Kampfgeist in Bewegung zu setzen, mehr nötig hatten« (Hüppauf 1996: 73). Gefragt war der erfahrene Kriegsarbeiter mit »Nerven wie Stahl« (Soldan 1925: 38), der immer wissen sollte, was möglich ist. Was diesen Helden führen sollte, war nicht kollektive Begeisterung für die Nation, sondern Kompetenz, Härte und Bindung an die Funktion.

»Je verfeinerter die Waffen, desto mehr verlangen sie Fassungsgabe und technisches Verständnis. [...] der frühere stürmende Schlachtenmut wird sich zu klarer, kaltblütiger Verwegenheit entwickeln müssen. Statt rohen Draufgängertums – umsichtige Entschlossenheit, die im Kampfe vielerlei zu bedenken und durchzuführen hat« (Jünger 1921).

Die gewissermaßen »zivile« Variante dieses Technokörpers nannte Ernst Jünger den »Arbeiter«:

»Der Arbeiter kämpft und stirbt in Apparaturen, nicht nur ohne ›höhere Ideen‹, sondern auch in ihrer bewussten Ablehnung. Sein Ethos liegt in der sauberen Bedienung des Apparats. Er hat sich keine Gedanken zu machen; er überblickt nicht den Plan.« (Jünger 1983: 12)

Um dem übermächtigen Material etwas entgegenzusetzen, musste der Körper gewissermaßen selbst »Material« werden; er musste sich, wie Jünger im Eingangszitat oben feststellt, zur Technik »bekehren«. Er »bleibt im System« (Jünger 1983: 46). Dieses protokybernetische Maschinenverständnis mündete in die Utopie eines »neuen Menschen«, dessen »heroische Gestalt« Jünger 1932 schließlich als »organische Konstruktion« fasste; d. h. als »Verschmelzung des Unterschieds zwischen organischer und mechanischer Welt« (Jünger 1982: 177). Es handelt sich hier um die Idee der Anmessung des Menschen an eine technische und dehumanisierte Zivilisation, die aus den Kriegserfahrungen an der Westfront erwächst. Die Verschmelzung von Stahl und Fleisch, die innere Abhärtung und der professionalisierte Kampf – das waren die Lehren, die in dem kriegsgesellschaftlichen Diskurs aus der Kriegserfahrung gezogen wurden. Im Rahmen einer systemischen Verbindung mit dem Material sollten militärische Körper die Fähigkeit zur aktiven taktischen Bewegung zurückerlangen. In der Tat ist genau das geschehen, denn unter dem Titel »Blitzkriegstrategie« vollzog sich ein Paradigmenwechsel militärischer Operativität: Der Kampf mit »verbundenen Waffen« – Panzer, motorisierte Infanterie und Flugzeug – stellt ein

Systemganzes dar, das durch kommunikative Echtzeitabstimmung per UKW-Funk und Gefechtsnähe des Kommandos entsteht. Die dadurch enorm optimierte »Fähigkeit zu operativer Komplexität« (Biddle 2004) brachte der deutschen Wehrmacht zu Beginn des Zweiten Weltkrieges erhebliche Vorteile ein. Der einzelne Soldat war dabei nicht als national begeisterter Heroe gefragt, sondern als Profi, der in dem militärischen Mensch-Maschine-System selbst unter größter Lebensgefahr kalt und sachlich funktioniert – mit Nerven wie Stahl eben.

Verloren hat die Wehrmacht trotzdem. Am militärischen Professionalismus ist der Untergang der nationalsozialistischen Gesellschaft allerdings spurlos vorbeigegangen; dies letztlich, weil es sich hierbei um ein Modernisierungsphänomen handelte, welches in dem breiteren Kontext der Technisierung des Krieges und der militärischen Konkurrenz zu sehen ist. Die Fähigkeit im Verbund hochtechnisierter und beweglicher Waffensysteme komplexe Operationen mittels flexibler Kommandostrukturen, umfassender Echtzeitkommunikation und schneller Wissensverarbeitung durchzuführen, ist kennzeichnend für das »moderne System« und so gesehen *state of the art* (Biddle 2004).

Auch die kybernetische Verschmelzung zwischen Mensch und Maschine wird in neuesten Militärkonzepten weiter vorangetrieben. Die Gründe hierfür liegen nicht in der evolutionären Logik eines kybernetischen Trends, sondern wie schon nach dem Ersten Weltkrieg ist diese Entwicklung Folge eines *Problems*. Seinerzeit war dieses Problem die Erstarrung des Krieges und damit letztlich sein politischer Funktionsverlust. Krieg konnte so nicht mehr Mittel des Politischen sein. Die politische Antwort der Siegermächte darauf war seine zunehmende Diskriminierung als Mittel der Politik, die sich im Versailler Vertrag und der Satzung des Völkerbundes niederschlug (Schmitt 1988). Die politisch-militärische Antwort in Deutschland verhielt sich dazu genau konträr, denn sie schuf ein neues taktisches Konzept, das operative Komplexität handhabbar machte und den Krieg wieder als denkbares politisches Instrument erscheinen ließ.

Neben dem Prothetikdiskurs, der die Kriegsversehrten umstellte, gebar der Erste Weltkrieg also einen zweiten körperbezogenen Technisierungsdiskurs. Im bereits untersuchten Fall ging es um eine rekonstruierende Wiederherstellung, die im Rahmen einer tendenziell kybernetischen Gesellschaftsvorstellung einerseits auf die aktive Integration des Versehrten in die *zivile* Nachkriegsgesellschaft abzielte und andererseits eine generelle technische Optimierung des Menschen denkbar machte. Der zweite Diskurs produzierte dagegen das Bild eines *Technokriegers*, d. h. eines professionalisierten, technisierten und gestählten Soldaten, der sich auf dem technischen Schlachtfeld wieder erfolgreich bewegen sollte.

Zu Beginn des 21. Jahrhunderts stellt sich die Lage in Deutschland anders – wenngleich ebenfalls problematisch – dar.[16] Die kriegsgesellschaftliche Einbettung des Soldatenbildes hatte sich mit Niederlage, Befreiung und Eingliederung in das westliche Verteidigungsbündnis erledigt. Nach einigen Anfangsschwierigkeiten wurde vielmehr das Konzept der »Inneren Führung« wirkmächtig, das vor allem Wolf Graf von Baudissin für die Bundeswehr entworfen hatte, und das den Soldaten unter dem Leitbild des »Bürgers in Uniform« in die Demokratie integrierte.

Dieses bemerkenswerte und sozialtheoretisch zu wenig gewürdigte Leitbild befindet sich seit einiger Zeit in einer merkbaren Spannung zu den seitens der Politik betriebenen Funktionalisierungs- und Professionalisierungstendenzen, die sich im Zusammenhang mit der Herausbildung einer neuen globalen Sicherheitsordnung ergeben. Neben die Landesverteidigung tritt als Aufgabe die Kontrolle und Transformation der Gewalträume der Weltgesellschaft. Insofern militärischen Organisationen daher die Rolle zukommt, die Gewalträume der Weltgesellschaft im Rahmen multilateraler Verbände zu kontrollieren und zu ihrer Transformation in eine friedlich-alltägliche Zivilgesellschaft beizutragen, wird das Militär zu einer Art »Weltmilitär«, d. h. es übernimmt für die Politik die neue Funktion einer globalen Gendarmerie (Spreen 2012b; Trotha 2010). Statt nationalem Existenzkampf und Panzerschlachten in der norddeutschen Tiefebene oder gar einem atomaren Vernichtungskrieg stehen Aufstandsbekämpfung und Aufbauhilfe auf dem Programm. Nicht nur verändert und erweitert sich damit das militärische Einsatzspektrum, sondern auch die zivil-militärischen Beziehungen verändern sich. Hierbei spielen technische Innovationen und körperbezogene Optimierungsvorstellungen ebenfalls eine wesentliche Rolle. Dies lässt sich anhand eines Beispiels illustrieren:

Abbildung 4 zeigt Barack Obama, Hillary Clinton, Joe Biden, Robert Gates und weitere hochrangige amerikanische Regierungsvertreter, Geheimdienstexperten und Militärs im *Situation Room* des Weißen Hauses, wie sie die Live-Übertragung des Einsatzes der *Navy Seals* gegen den Al-

16 Ich beschränke mich auch im Folgenden auf das deutsche Beispiel.

Qaida-Führer Osama bin Laden in Abbottabad am 2. Mai 2011 verfolgen. Der US-Präsident sitzt auf einem Holzstuhl, den er sich hatte bringen lassen. Neben ihm, im präsidialen Sessel, sitzt Brigadegeneral Brad Webb.

Abbildung 4: Ein Blick in den SITROOM. *Anlass der Versammlung ist der US-Einsatz gegen Al-Qaida-Führer Osama bin Laden 2011*

Quelle: dpa, Bild: Pete Souza

Das Foto versinnbildlicht einen engen kommunikativen Zusammenhang zwischen politischer Führung, militärischer Operationsleitung und den Einsatzkräften in Pakistan. Dieser Zusammenhang hat sicherheitspolitische, technologische und organisatorische Voraussetzungen und stellt eine neue Führungskultur dar. Die politischen Voraussetzungen bestehen in den paradoxen Rahmenbedingungen, in die das globale Sicherheitsdispositiv politische und militärische Akteure setzt, nämlich ein Legitimationsdefizit in der zivilgesellschaftlichen Öffentlichkeit und ein daraus resultierendes Kontrollbedürfnis bei Militäreinsätzen seitens der Politik. Zu den technologischen Voraussetzungen gehören globale Kommunikationssysteme, die eine Echtzeit-Verschaltung zwischen höheren und höchsten Führungs- und Verantwortungsebenen mit den im Einsatz befindlichen Soldatinnen und Soldaten ermöglichen. Bezeichnenderweise war der Kontakt bei der Geronimo-

Operation für ca. 20 Minuten unterbrochen, was für »ein paar nervenaufreibende Momente«, so CIA-Chef Leon Panetta, gesorgt habe. Zu den organisatorischen Voraussetzungen zählt die »vernetzte Operationsführung«, die alle Bereiche der Kriegführung in Echtzeit vernetzt und zugleich koordiniert.

Vor einigen Jahren erwarteten Beobachter im Kontext des Paradigmenwechsels zur vernetzten Operationsführung noch flache Hierarchien und eine lagegerechte kollektive Selbstadjustierung der Kampfeinheiten vor Ort. Selbständigkeit und Anpassungsfähigkeit schienen die neuen Tugenden zu sein, die auch in der militärischen Ausbildung vermittelt werden sollten. Aber die Realität sieht etwas anders aus. So zeigt das Foto zwar eine flache Kommunikation – der Präsident ist dabei –, aber eben keine Autonomie des Teams vor Ort. Wirklich selbstständig agiert dieses vielmehr nur im Falle einer unterbrochenen Verbindung. *Network Centric Warfare* und vernetzte Operationsführung vergrößern vielmehr die Durchgriffsmöglichkeiten höherer Führungs- und Verantwortungsebenen auf die unmittelbare operative Ebene (Singer 2010: 349). Die erweiterten Kontrollmöglichkeiten haben zur Folge, dass im Rahmen politisch besonders sensibler Operationen die zivile Führung in das militärische Mikromanagement eingreifen und die Operation unter Umständen abbrechen kann. Das Bild zeigt beides: erstens einen mit taktischen Führungsaufgaben betreuten General und zweitens die Anwesenheit ziviler Regierungsexperten inklusive der höchsten politischen Verantwortungsebene. Im Bild erscheint die tatsächlich bestimmende Gewalt bescheiden am Rand, aber genau das drückt den Kontrollmechanismus aus: Der Präsident war dabei, er vertraut seinem kompetenten Team, aber er übt eine begleitende Kontrolle aus und trägt die letzte Verantwortung.

Die in dem Bild symbolisch verdichtet ausgedrückte enge Vernetzung zwischen politischer und militärischer Leitung und operativ-taktischer Ebene hat einen Grund: Im Kontext des zeitgenössischen Dispositivs globaler Sicherheit sieht sich die zivile politische Führung mit einem spezifisch *soldatischen Anomierisiko* konfrontiert. Dieses Risiko ist quasi die politische Kehrseite normativ hybrider, militärisch-polizeilicher Sicherheitsoperationen. Gemeint ist das Risiko, dass es im Kontext solcher Einsätze zu Handlungen oder Operationen seitens der Soldatinnen und Soldaten kommt, die politischen Skandalcharakter sowohl in der nationalen als auch in der Weltöffentlichkeit entfalten oder unter der lokalen Bevölkerung für erhebliche Legitimationsdefizite sorgen können. Derartige Skandale können sich aus der Überschreitung von Verhaltensregularien ergeben. Zu beachten sind aber auch solche Vorfälle, die lediglich aus dem Widerspruch zwischen einem »robustem« Engagement und den öffentlichen Erwartungen resultieren. Sie machen sichtbar, dass das Militär genau dann, wenn es im Rahmen seiner »Kernkompetenz« zum Einsatz kommt, in der Zivilgesellschaft schon als quasi »abweichend« beobachtet wird. Das Handeln kämpfender Soldatinnen und Soldaten »kann im rechtlichen und politischen Sinne legal sein. Was sie tun, gilt in der gesellschaftlichen Öffentlichkeit trotzdem als problematisch.« (Apelt 2012: 219)[17] Die öffentlichen Folgeeffekte *beider* Sorten von Vorfällen können die politischen Absichten eines Einsatzes beschädigen oder zumindest seine Legitimität in Frage stellen. Sie sind daher aus politischer Sicht ein Risiko. Für eigene Verluste gilt ganz das Gleiche: Auch der gefallene Soldat ist ein »anomischer« Soldat. Einem »opferscheuen« Publikum scheint Blutzoll nur schwer vermittelbar zu sein (Kümmel 2012). Das Opfer wird daher nicht nur als menschlicher Verlust[18], sondern immer auch als »Störung« des politischen Normalbetriebs perzipiert. Aus der Perspektive politischer Kommunikation erscheint der getötete Soldat somit ebenfalls als ein Risikophänomen, das den Einsatz gefährden kann. Aus der Summe all dieser, im Kontext militärisch-polizeilicher Sicherheitsoperationen unvermeidbar auftauchender, Anomie- und Akzeptanzrisiken erwächst seitens der Politik und der militärischen Führung ein erweitertes Kontrollbedürfnis.

Aber wo Gefahr ist, wächst das Rettende auch. Weltraum- bzw. luftgestützte globale Echtzeitkommunikation, unbemannte semiautonome Waffensysteme und Cyborganzüge ermöglichen Kontrollzuwachs. Halbautomaten wie Drohnen oder Robots bezeichnen schon ihrem Begriff nach die Abhängigkeit von Entscheidungen, die sie dirigieren. Sie sind Avatare im Realen. Leibhaftige Soldaten dagegen können sich, aus welchen Gründen auch immer, über Befehle hinwegsetzen. Darüber hinaus können Halbautomaten ohne externe Entscheidung keinen politischen Schaden anrichten. Sie kreisen, fahren herum, bewegen Güter oder sammeln Informationen. Genau deshalb wird es auf dem bestehenden Technologieniveau auch keine voll-

---

17 In der Tat zeigen die Zahlen genau das: Kämpft die Bundeswehr, sinken die Akzeptanzraten (Franke 2012: 374 f.).

18 Über die Opfer, die auf Seiten der Bundeswehr zu beklagen sind, kann man sich auf der Seite *bundeswehr.de* > *Gedenken* informieren.

automatischen Kampfmaschinen geben – jedenfalls nicht in dem bezeichneten Kontext globaler Sicherheitsoperationen. Das Risiko für Fehlentscheidungen ist viel zu groß, weil das Verhalten der Maschinen in komplexen Umgebungen »in der Regel nicht vorhersagbar ist« (Burkhard 2012: 157). Semiautonome Waffensysteme kommen dagegen dem politischen Kontrollinteresse sehr entgegen. Bezüglich der Systemtypen lässt sich im Einzelnen zeigen, wie sie mit dem politischen Kontrollinteresse korrespondieren:

Satelliten sind Automaten im Erdorbit. Einen großen Teil ihrer Funktionen erledigen sie selbstständig, aber sie verfügen selbstverständlich über einen Empfänger, durch den der Kommandozugriff von der Bodenstation aus möglich ist. Weltraumgestützte Kommunikations-, Erdbeobachtungs- und Navigationssysteme werden als Schlüsselelemente globaler Krisenintervention betrachtet. Im Rahmen laufender Sicherheitsoperationen ermöglichen Satellitensysteme sowohl eine schnelle und weltweite Informationsgewinnung als auch eine global vernetzte Koordination. Satellitensysteme sind daher die Voraussetzung einer global wirksamen vernetzten Operationsführung (Spreen 2014b: 116-121).

Bei *Drohnen* handelt es sich um ferngelenkte, semiautonome Flugobjekte, die beobachten und/oder zerstörerisch wirken können. Sie können sehr lange über einem Gebiet kreisen, es beobachten und gegebenenfalls auf es einwirken. Im Kern handelt es sich bei Drohnen um vollmanövrierfähige Beobachtungs-, Kommunikations- oder Killersatelliten unterhalb des Orbits. Während militärische Aufklärungsdrohnen auch in der Öffentlichkeit weitgehend unproblematisch erscheinen, streitet man sich über die bewaffneten Versionen. Die politischen Vorteile liegen darin, dass eigene Opfer reduziert werden können, die eigenen Soldatinnen und Soldaten im Einsatz insgesamt einen besseren Schutz genießen und dass eine sehr präzise Einwirkung auf Ziele möglich wird, wodurch Kollateralschäden ebenfalls vermeidbar erscheinen. Ein weiterer Vorteil ergibt sich daraus, dass Drohnen in Zonen eingesetzt werden können, die nicht offiziell als Kriegsgebiet definiert sind. Ein solcher »verdeckter Krieg ohne Ort und Schlachtfeld« (Hüppauf 2013: 501) kann weitgehend vor der Öffentlichkeit verborgen werden. Wie die US-amerikanische Praxis in Waziristan oder im Jemen zeigt, können die Einsätze bewaffneter Drohnen auch sehr gut in einer Grauzone zwischen Militär und Geheimdienst »verschwinden«. Bewaffnete Drohnen offerieren der zivilen Politik damit die charmante Chance auf eine »leise« Aufstandsbekämpfung unterhalb der Aufmerksamkeitsschwelle der

Massenmedien. Zudem sind Drohnen konstitutiv kontrollbedürftig und daher aus der Sicht ziviler Verantwortungsträger eine Art »besserer Soldat«.

Roboter sind programmierte, teilautonome und bewegliche Systeme am Boden. Sie können sich laufend, hüpfend, rollend oder auf Ketten im Gelände bewegen. Sie agieren nicht in einem atopischen Raum, sondern sie müssen sich in sich verändernden und im Detail unbekannten Räumen orientieren. Roboter agieren in der Welt, nicht über ihr. Das stellt im Vergleich zu Drohnen erheblich höhere Anforderungen an die Verarbeitung und Bewertung sensorischer Rauminformationen und reduziert die Bewegungsfähigkeit und Operationsgeschwindigkeit. Mit vollautonomen Kampfrobotern ist allein schon aufgrund aus diesen Anforderungen herrührender technischer Schwierigkeiten in absehbarer Zeit nicht zu rechnen (Weiss 2012).

Das Einsatzspektrum von Kriegsrobotern reicht von Aufklärung, Patrouille, Transport (*pack bot*), Minenräumen bis hin zum Kampf. Im Bereich des Bodenkampfes mindern Roboter einerseits das Risiko eigener Opfer und erweitern andererseits die Möglichkeit der Aufklärung und Waffeneinwirkung. Allerdings sind Roboter deutlich verwundbarer als Drohen und erst recht Satelliten. Sie können leicht ohne große Schäden in feindliche Hände fallen, so dass die Gefahr eines unerwünschten Technologietransfers besteht. Da semiautonome Roboter ebenfalls konstitutiv weisungsabhängig sind, stellen allerdings auch sie aus Sicht politischer Interessen »bessere Soldaten« dar.

Wie bereits angedeutet, ist der Einsatz vollautomatischer Roboter mit vielen Risiken verbunden. Entweder wird ihr Verhalten in komplexen und schnell variierenden Umgebungen unvorhersehbar oder es bleibt zu vorhersehbar. Im ersten Fall gefährden sie die politische Missionslegitimation, im zweiten Fall werden sie zum militärischen Risiko. Daher ist eine engere Mensch-Maschine-Kooperation wahrscheinlich. Eine solche Kooperation kann durch *intelligente Kampfanzüge* erleichtert und optimiert werden, die eine Form des »Human Enhancements« darstellen und auf die Leistungssteigerung des Soldaten abzielen (Planungsamt der Bundeswehr 2013). Zudem verbessern solche Kampfanzüge die Einbettung der Soldatinnen und Soldaten in die vernetzte Operationsführung. Intelligente Kampfanzüge nähern das Soldatenbild dem des »cyborg soldier« (Gray 1997: 195-211) an und erhöhen die Kontrollmöglichkeit seitens übergeordneter Führungsebenen. Wie die *Navy Seals* in Abbottabad können sie mit den höchsten Führungsebenen inklusive der zivilen Verantwortungsebene verbunden werden. Beispiele für solche Kampfanzugsysteme sind der *Infanterist der Zukunft – Erweitertes System* (System IdZ) der Bundeswehr oder der aktuell für die US-Army in der Entwicklung befindliche *Tactical Assault Light Operator Suit* (TALOS). Letzterer stellt ein intelligentes Kampfanzugsystem inklusive Rüstung und Exoskelett-Unterstützung dar. Ersterer versieht den soldatischen Körper mit einer Schutzausstattung und einem elektronischen Rücken. Die Sinne werden durch ein Bedien- und Anzeigegerät und ein alternatives Helmdisplay erweitert. Für die Orientierung sorgt ein integriertes GPS. Die Vernetzung wird über einen an das Führungsfunkgerät des Gruppenführers angeschlossenen Sprechsatz hergestellt. Neu gegenüber dem Basissystem ist insbesondere die Möglichkeit, Sprache und Daten mit der nächsthöheren Führungsebene auszutauschen sowie die Verbindung zum Führungsinformationssystem des Heeres. Vor dem Hintergrund der weitgehenden Integration von Bios und Techné im *Erweiterten System IdZ* stellt ein offensichtlich beeindruckter Autor aus dem Heeresamt fest, dass lediglich »die physischen Gegebenheiten des Menschen [...] ein limitierender Faktor« seien (Ley 2010: 20).

Als mit intelligenten Kampfanzügen eingekleidete Cyborgs werden Soldatinnen und Soldaten in das gleiche Kontrolldispositiv integriert, dass in der Welt des (nicht nur) militärischen Materials längst Wirklichkeit ist. Schon im Irakkrieg 2003 waren die US-Streitkräfte mittels RFID-Tags in der Lage, bis hinab zur einzelnen Munitionskiste ihre Logistik zu kontrollieren, flexibel zu organisieren und für die netzwerkorientierte Kriegführung tauglich zu machen (Rosol 2007: 25-28). Auch diese Entwicklung ist als Reaktion auf ein Anomieproblem zu verstehen. Noch im Golfkrieg 1991 herrschte hinter der Front logistische Unordnung:

»Die Frachtlisten stimmten [...] oft mit dem Inhalt [der Container] nicht überein, zudem wurden die Container in den Depots in den USA, Europa und Korea in der Regel bis zur Decke mit den unterschiedlichsten Gütern beladen, um Transportkapazitäten voll auszunutzen. Weit mehr als die Hälfte der 41000 in saudi-arabische Häfen aufgelaufenen Container mussten erst geöffnet und inspiziert werden, um überhaupt eine Ahnung davon zu bekommen, was tatsächlich alles in ihnen steckte. Material wurde vielfach nachgeordert, weil man es entweder nicht fand oder den Aufwand sich sparen wollte, es erst finden zu müssen. Am Ende des Krieges saßen immer noch 8000 völlig ungeöffnete Container in den Docks fest, man hatte auch die

Massen an zu viel angefordertem Material wieder nach Hause zu schicken, davon allein 250000 Tonnen an Munition, welche auf Paletten in der Wüste hockte.« (Rosol 2007: 26)

Aber mittels *Radio Frequency Identification* ist es möglich, jedes einzelne Item auf seinem Weg um die Erde kontinuierlich zu verfolgen. Die universelle Echtzeitinventur ermöglicht eine auf die Bedarfs- und Konsumlage vor Ort genau abgestimmte und sehr anpassungsfähige Planung. Logistische Anomiephänomene, wie die oben geschilderten, werden wirksam unterbunden. Und warum sollte dieses Kontroll- und Führungsdispositiv sich nicht auch auf die lebendigen Körper erstrecken, wenn es in der Welt der Dinge doch so gut funktioniert? – Diese Frage ist rhetorisch, denn es ist das erklärte Ziel der zeitgenössischen strategischen Revolutionäre, genau das zu erreichen. Soldatinnen und Soldaten sind entsprechend den Anforderungen des globalen *netwars* zu optimieren.

Die Vorteile des technologischen Upgrades der Kriegführung liegen ja auf der Hand: Waffensysteme wie bewaffnete Drohnen oder Roboter mindern einerseits die Gefahr von Kollateralschäden und sie reduzieren das Verletzungsrisiko für die eigenen Soldatinnen und Soldaten, was wiederum auch in Konfliktsituationen normadäquates Verhalten der Soldatinnen und Soldaten wahrscheinlicher macht. Andererseits sind sie konstitutiv kontrollbedürftig und tragen so dazu bei, dass das militärische Geschehen für die Politik *funktional bleibt.* Als Kommunikations- und Aufklärungssysteme ermöglichen Satelliten und Drohnen zudem auf der operativen Ebene eine erhöhte Kontrolle über die mit intelligenten Kampfanzügen oder ähnlichen Systemen ausgestatteten menschlichen Akteure.

Zusammengefasst kommt die aktuelle Technisierungswelle des Krieges durch Kommunikations- und Aufklärungsautomaten, semiautonome Waffensysteme und der Technisierung des soldatischen Körpers den paradoxen Anforderungen sehr entgegen, die sich im Kontext von normativ stark gerahmten Sicherheitsoperationen ergeben. Sie ermöglichen es der zivilen Politik, militärische Risiken zu kontrollieren. Mittels Satelliten, Drohnen, Robots und Cyborgsuits lassen sich taktische Bewegungen und politisch-strategische Imperative situativ vernetzen. Dadurch werden militärische Optionen einerseits wieder zu einem handhabbaren Instrument des Politischen. Andererseits bleibt eine Verselbständigung unwahrscheinlich, d. h. das Primat der Politik der Zivilgesellschaft bleibt gewahrt. Insbesondere der *cyborg soldier* führt dies vor Augen. Anders als im Diskurs der Zwischenkriegszeit geht es *nicht* um die Entgrenzung militärischer Effizienz und Gewaltfähigkeit, sondern gerade um ihre beschränkte Entfaltung. Der Körper des Soldaten wird zwar sehr wohl auch in Bezug auf seine Gefechtsfähigkeit optimiert, aber zugleich bleibt diese in jedem Moment der Möglichkeit nach einer externen Kontrolle und Führung unterworfen. Das Militär wird dadurch wieder zu einem einsatzfähigen Subsystem der Politik. Einsatzsoldatinnen und -soldaten können im Hinblick auf diesen instrumentellen Zweck körperlich »aufgerüstet« werden. Durch ihren Technokörper werden sie zum Organ des Kanzleramtes oder des Weißen Hauses.

Während das »stählerne« Konzept der Zwischenkriegszeit auch ein Restaurierungsprojekt für das durch Kriegsversehrungen und Modernisierungskrisen angeschlagene Männlichkeitsbild darstellte (Jarvis 2007; Kienitz 2008: 253-270), produzieren die neuen Konzepte zum *cyborg soldier* allerdings auch geschlechtliches Unbehagen. Sie stellen eher männlich konnotierte Konzepte soldatischer Autonomie wie Innere Führung auf der ethischen und Auftragstaktik auf der operativen Ebene in Frage. Die Politik wünscht sich Soldaten, die dem Stereotyp des »Femininen« entsprechen, d. h. Soldaten, die im Team geführt werden und abhängig agieren. Zum Bild des Militärs als weltpolizeilicher Gewalt passt die schwangere Drohnenpilotin mindestens ebenso gut – wenn nicht sogar besser – als der durchtrainierte infanteristische Spezialkämpfer (Dittmer 2014). Solcher Cyborgtrouble dürfte das Militär in Zukunft noch beschäftigen, weil es weniger als »männlicher Beschützer« der Gesellschaft (»Verteidigungsarmee«), sondern mehr als folgsames Subsystem der Politik (»Einsatzarmee«) gefragt ist.

Sowohl im Falle des kriegsgesellschaftlichen Diskurses als auch in dem des sicherheitspolitischen zeigt sich eine Upgradepolitik, die sich auf die Optimierung eines an sich völlig gesunden und funktional uneingeschränkten Körpers richtet. Dieses Upgrading zielt auf eine funktionale bzw. anforderungsspezifische Optimierung. Es geht nicht um ein besseres Leben, sondern um eine bessere Diensttauglichkeit.[19] Erst vor dem Hintergrund der

19 Cyborgsuits können so wenig wie Drohnen oder Robots das dem Hochrisikoberuf »Soldatin/Soldat« mitgegebene Risiko ausschalten, für das spätere Leben eine psychische Störung davonzutragen. Dieses Risiko könnte im Falle einer genaueren Erforschung überraschend hoch ausfallen (Dörfler-Dierken 2014).

militärisch-politischen Anforderungen, denen der soldatische Körper sich unter Kriegsbedingungen ausgesetzt sieht, wird er als ein Mängelwesen konzipiert. Sowohl die technische Schlacht im Kontext des Weltkriegs als auch der *Network Centric Warfare* im Kontext globaler Sicherheitspolitik verlangen nach einem Soldatenkörper, der technologisch erweitert wird. Im einen Falle geht es um stählerne Nerven, wobei eine moralische Abhärtung und indifferente »Dissoziationsmentalität« (Hüppauf 1996) mitgemeint ist. Im anderen Fall geht es ebenfalls um militärische Effizienz, d. h. um vernetzte Operationsführung. Moralisch gesehen, geht es nun jedoch *gerade umgekehrt* darum, ethische und politische Katastrophen zu vermeiden. Sichtbar wird aber in beiden Fällen, wie das Upgradekonzept Menschen überhaupt als technisch zu optimierende adressiert. Sie erscheinen entweder als zu ungenügend, als das sie den Anforderungen der technischen Schlacht noch entsprechen könnten. Oder ihr eigenständiges Handeln erscheint als potentielles ethisches Risiko, das die politischen Imperative der Zivilgesellschaft gefährdet. Wie Drohnen, Roboter und RFID-Tags stellen auch die Cyborgsoldaten des 21. Jahrhunderts Versuche dar, Anomie technisch zu kontrollieren. Die »gute Gesellschaft« regiert durch. Im historischen Fall ging es um die Anpassung der militärischen Kernkompetenz an die Erfordernisse des »modernen Systems« inklusive *moralischer Abrüstung*. Im aktuellen Fall geht es ebenfalls um die Erweiterung der militärischen Möglichkeiten allerdings inklusive eines *ethischen Enhancements* mit technischen Mitteln. In beiden Fällen aber ist der leiblich-sinnliche Körper nicht einfach »Natur«, sondern vielmehr »Gesellschaft«. Er wird in gesellschaftliche Funktionsbezüge integriert und in Hinblick auf die an ihn herangetragenen systemspezifischen Zwecke optimiert.

7 Weltraum

> »Wir fliegen zur Zeit um die Erde in einem Abstand von 1000 Kilometern […] Rings um uns befindet sich der grenzenlose Raum, der zahllose Milliarden von Lebewesen versorgen kann. Zieht um zu uns, wenn der Bevölkerungsüberschuss euch bedrängt und das Erdenleben zur Last wird! Hier lebt man buchstäblich im Paradies; das gilt besonders für Kranke und Schwache.«
>
> TELEGRAMM AN DIE MENSCHHEIT VOM 10. APRIL 2017
>
> KONSTANTIN E. ZIOLKOWSKI,
> *AUSSERHALB DER ERDE* (1896)

Der Weltraum, das ist die nicht so leere Leere, die die Erde umgibt. Er beginnt je nach Definition zwischen 80 und 100 Kilometer Höhe. Von irdischen Räumen unterscheidet er sich durch seine *atopische Struktur*. Nicht nur Ortsbezüge, territoriale Grenzen und geographische Strukturen verlieren ihre Bedeutung, sondern auch der Horizont. Ein Mensch, der sich im Weltraum aufhält, existiert »außerhalb jedes Horizonts […] – alles um ihn herum [ist] Himmel« (Lévinas 1992: 175). Es gibt kein Oben oder Unten. Gleichförmige Bewegungen benötigen keine Energie und überhaupt steht jene in der Nähe der Sonne praktisch unbegrenzt zur Verfügung.

Für die Moderne war dieser Raum immer schon ein imaginärer Raum bevor er ein realer wurde. Bei Immanuel Kant fungierte er als Metapher des Prinzips der selbstreferentiellen Produktivität. Kant erklärte die kosmische

Ordnung aus der Geschichte des Himmels und den Kräften, die in ihm wirken, d. h. er entwickelte »die Verfassung des Weltbaues aus dem einfachsten Zustande der Natur bloß durch mechanische Gesetze« (Kant 1960: A XLV). Das Planetensystem entsteht nicht durch Einwirken eines göttlichen Souveräns, sondern allein aus dem Spiel der anziehenden und abstoßenden Kräfte. Projiziert man dieses Prinzip der produktiven Selbstorganisation in die soziale Welt, so erhält man die liberale Vorstellung von »Gesellschaft«, die im Kern die Herauslösung des Sozialen aus der politischen Souveränität meint. Für die Moderne (inklusive der modernen Soziologie) ist nicht »der Staat«, sondern »die Gesellschaft« der Bereich der Produktivität, Innovation und Kreativität – also die Sphäre, in der der Reichtum der Nationen erzeugt wird.

Wie verfehlt Überlegungen sind, die den Weltraum als ein bloßes außergesellschaftliches Drumherum begreifen, um das man sich als Sozial- oder Kulturwissenschaftler nicht zu kümmern brauche, machen schon Kants Überlegungen deutlich: Denn es ist dieses kosmische Prinzip, das, als es schließlich auf der Erde landet, die moderne Gesellschaft in Gang setzt – also industrielle Revolution, Welthandel, Technisierung der Lebenswelt, neue Medien und Öffentlichkeit, Entbettung aus traditionalen gesellschaftlichen Bezügen, Mobilität und Individualisierung (Fischer/Spreen 2014).

Gerade aber weil der Weltraum ein atopischer Raum ist, weil er *tabula rasa* ist, ist er auch *der Raum* der Moderne. Hier muss alles neu gemacht werden; hier braucht es keine Rücksicht – weder auf politische oder soziale Strukturen, noch auf ökologische Bedingungen. Der Weltraum ist daher der Raum, der der modernen Macht des Machens, d. h. der Idee, dass soziale Formen und Umweltbedingungen letztendlich frei konstruierbar seien, am besten entgegen kommt. Der Weltraum ist der ideale Raum einer »konstruktiven Moderne« (Spreen 2014a). Hier können sich Sozialutopisten, Militärstrategen, Science-Fiction-Autoren oder Architekten mit ihren visionären Entwürfen austoben. Die Wirklichkeit der Weltraumfahrt setzt diesem Konstruktivismus allerdings Schranken; schon der regelmäßige Auf- und Abstieg im Gravitationstrichter der Heimatplaneten erweist sich als eine aufwendige technische Leistung und als ein immer riskantes Problem.

Prinzipiell sind drei Konzepte der Besiedelung des Weltraums denkbar. Erstens kann man automatische und halbautomatische Systeme – Satelliten, Weltraumdrohnen und -roboter – entsenden und den Weltraum so durch Avatare des Menschen besiedeln. Zweitens kann man dort künstliche Habitate errichten, in denen Menschen leben können. Drittens kann man den Menschen technologisch so verändern, dass der Weltraum zu einer quasi »natürlichen« Umwelt für ihn wird. Im ersten Fall bleibt der Mensch auf seinem Herkunftsplaneten und betreibt lediglich eine »Raumfahrt für die Erde«. In den beiden anderen Fällen aber verlässt er den Planeten; letztlich mit der Perspektive, dies in mehr oder weniger ferner Zukunft auch auf Dauer zu tun. Selbstverständlich lassen sich alle drei Varianten auf der technologischen Ebene ohne Probleme miteinander kombinieren.[20]

Die heute bei weitem wichtigste Weltraumtechnologie sind Satellitensysteme. Satelliten sind unbemannte Automaten, die keine aerodynamischen Rücksichten nehmen müssen und die sich antriebslos im freien Fall um ein großes Gravitationszentrum herum bewegen. Sie stellen eine spezifisch an den Weltraum angemessene Technologie dar. Bei der gegenwärtigen Orbitbesiedlung handelt es sich im Großen und Ganzen um eine erdgerichtete Weltraumtechnologie: Kommunikations-, Fernseh-, Navigations-, Wetter- oder Beobachtungs- und Überwachungssatelliten bilden eine die Erde umhüllende und auf sie bezogene Technosphäre. Sie richten ihre Sensoren und Kommunikationsanlagen auf den Planeten und stellen wichtige Funktionsvoraussetzungen für weltgesellschaftliche Strukturen und Prozesse dar. Mittels Satelliten beobachtet die Weltgesellschaft nicht nur sich selbst und ihre Umwelt, sondern Satelliten sind Medien der Weltkommunikation. Anders sieht es bei Sonden oder Planeten-, Kometen- und Asteroidenlandern aus. Diese interessieren sich für das Sonnensystem und die vielfältigen Körper, die es bilden. Das dabei gesammelte Wissen kann sowohl im Kontext zukünftiger Besiedlungsprojekte als auch im Rahmen der »Raumfahrt für die Erde« genutzt werden – letzteres etwa, indem man für die expandierende digitale Industrie Seltene Erdelemente abbaut.

Solcher Asteroidenbergbau würde vermutlich zur Entstehung einer Weltrauminfrastruktur führen, die auch von Menschen einen lang andauernden Aufenthalt im All verlangen würde. Günstig wären dafür Habitate, die irdische Bedingungen – insbesondere die Schwere – simulieren könnten. Konzepte dafür sind seit langem bekannt. Der russische Mathematiklehrer Konstantin E. Ziolkowski entfaltete schon in der zweiten Hälfte des 19. Jahrhunderts die Idee, eine Raumstation zu bauen, in der eine eigene Biosphäre

20 Auf der ideologischen Ebene ist das etwas schwieriger, weil die »Erdraumfahrer« immer zurück, die »Weltraumentdecker« immer nach vorne schauen.

angelegt wird, die die Insassen der Station dauerhaft mit Nahrung, Luft etc. versorgt. Er nannte sie daher »Orangerie«. In Umkehrung eines Buchtitels von Leo Marx (1964) lässt sich von einem »Garten in der Maschine« sprechen. Ziolkowski versetzt diese Station in eine Rotation um ihre Längsachse, so dass auf der Innenseite ihres Randes eine leichte Quasi-Gravitation herrscht (Abb. 5).

Abbildung 5: Skizze Ziolkowskis, die das Schema einer Weltraum-Orangerie zeigt. Von links fällt das Sonnenlicht ein. Der Körper rotiert um seine Längsachse. Die kegelförmige Architektur bedingt, dass die Besatzung zwischen verschiedenen Schwereverhältnissen wählen kann.

Quelle: Ciolkovskij 1977: 185

Diese Idee wird im 20. Jahrhundert vielfach weiter entwickelt. So entwarf Hermann Noordung in den 1920er Jahren ein rotierendes Wohnrad, wie es spätestens seit Stanley Kubricks *2001 – Odyssee im Weltraum* (USA 1968) auch der Allgemeinheit bekannt ist. Kürzlich hat Neill Blomkamp in *Elysium* (USA 2013) diese Idee erneut zur Darstellung gebracht. Der Film zeigt ein rotierendes Wohnrad, auf dessen Innenseite eine luxuriöse Gartenlandschaft – es handelt sich um das in den Kosmos projizierte Beverly Hills – appliziert ist. In diese orbitale *gated community* hat sich die High Society zurückgezogen, um sich von dem überbevölkerten irdischen Sozialraum der prekarisierten Existenzen zu separieren. Sehr unterhaltsam ist, dass der Film mit einer Cyborgrevolution endet, die das Wohnrad und seine bislang nur den Reichen und Schönen vorbehaltene Technologie sozialisiert.

Von der NASA aufgegriffen wurde schließlich das von dem amerikanischen Physiker Gerard K. O'Neill und seinem Team entwickelte Konzept, gewaltige rotierende Zylinder zu bauen. Sie sollten zwischen 6,5 und 26 Kilometer Durchmesser aufweisen und zwischen 32 und 128 Kilometer lang sein. Das Konzept sah vor, ganze Siedlungen und Landschaften sowie Industrieanlagen und Agrarflächen in diese Habitate zu integrieren (Heppenheimer 1977; Marsiske 2005). Von diesen ambitionierten Plänen wurde aufgrund finanzieller, organisatorischer und politischer Schwierigkeiten allein das *Space Shuttle* verwirklicht. Die tatsächlich im Orbit errichteten Weltraumstationen *Skylab*, *Saljut*, *Mir* oder *ISS* sind zwar bei weitem nicht so imposant und weisen weder eine künstliche Schwerkraft noch eine eigenregenerative Biosphäre auf, aber dennoch handelt es sich auch bei ihnen bereits um volltechnische Weltraumhabitate.

Ebenfalls in den 1920er Jahren entfaltete der britische Physiker John Desmond Bernal und spätere Inhaber des Lenin-Friedens-Preises der UdSSR seine Visionen von permanenten menschlichen Siedlungen im All und von Weltraumarchen, die sich auf den Weg zu anderen Sternsystemen machen. Er stellte sich vor, dass in der Zukunft aus Asteroiden industriell Rohmaterialien gewonnen und für den Bau künstlicher »globes« von ca. 10 Meilen Durchmesser genutzt werden (Bernal 1970: 22 f.). Die Schwerelosigkeit im Innern dieser artifiziellen Lebenssphären sah Bernal dabei nicht als Nachteil, sondern vielmehr erblickte er in ihr ein starkes Motiv, das zur absichtsvollen Anpassung des Menschen an diese Verhältnisse qua »mechanization of the body« dränge (Bernal 1970: 58):

»The colonization of space and the mechanization of the body are obviously complementary. The dissimilarity between the conditions of life in space and on the earth would in itself be sufficient to cause perfectly normal, unassisted, evolutionary changes in human beings, but obviously spatial conditions would be more favorable to mechanized than to organic man. If he could get rid of the major part of his body and his necessity for a relatively large intake of oxygen and water-saturated food, the cellular nature of the celestial globes would cease to be necessary. This would give mechanized man an advantage similar to that which the relatively flexible and naked animal cell has over the rigidly demarcated plant.« (Bernal 1970: 58)

In Bernals Konzept geht die Prothetisierung des Raums in die des Körpers über.[21] Letztere stellt eine *Optimierung* im Hinblick auf die hochtechnologische und schwerelose Umwelt im Innern eines solchen Habitats dar. Das bereits Bernal Ende der zwanziger Jahre ein Cyborgkonzept entwickelt (auch wenn er diesen Begriff seinerzeit noch nicht verwenden konnte), ist gar nicht so überraschend. Denn letztlich ist ein Weltraumhabitat ein umfassendes biologisch-technisches System. Es kann daher auch »als ein gigantischer Cyborg angesehen werden, eine Art kosmischer Bienenstock« (Marsiske 2005: 146).

Bernals Idee konsequent weiter gedacht haben die beiden NASA-Mediziner Manfred E. Clynes und Nathan S. Kline:

»Um den Anforderungen einer außerirdischen Umwelt zu begegnen, macht es mehr Sinn, die menschlichen Körperfunktionen zu verändern, als eine irdische Umwelt im Weltraum zu erzeugen. Eine Möglichkeit, den menschlichen Körper an die Erfordernisse der bemannten Raumfahrt anzupassen, sind Systeme künstlicher Organismen, welche die unbewussten Selbstregulationsprozesse des Menschen erweitern.« (Clynes/Kline 2007: 467)

Clynes und Kline schlugen Enhancements für eine ganze Reihe von »psycho-physiologischen Schwierigkeiten« vor, die sich in der neuen Umwelt ergeben. Als »Probleme« erscheinen zum Beispiel: Schlafbedürfnis, Anfälligkeit für radioaktive Strahlung, Stoffwechsel, »Sauerstoffzufuhr und Kohlendioxidentsorgung« (gemeint ist Atmung), Flüssigkeitsaufnahme und -abgabe, Enzymsysteme, Muskelfunktionen, Wahrnehmung und das Risiko für psychotische Störungen bei langen Raumflügen. Zum Beispiel heißt es:

»Atmen im Weltraum ist ein Problem, da die Umgebung nicht die notwendige Menge an Sauerstoff liefern kann […]. Eine umgekehrte Brennstoffzelle, die CO_2 auf seine Bestandteile reduziert, die Kohle entsorgt und den Sauerstoff rückführt, würde Lungenatmung überflüssig machen. Ein solches System, entweder durch Solar- oder Atomenergie betrieben, würde die Lunge ersetzen und Atmung, wie wir sie kennen, überflüssig machen. Konventionelle Atmung wäre, wenn es die Umgebung erlaubt,

21 Chris Hables Gray (2002: 177-190) spricht von Weltraumkolonien als »prothetischen Territorien«.

immer noch möglich – das Betreiben der Brennstoffzelle würde dann entsprechend ausgesetzt.« (Clynes/Kline 2007: 471)

In der neuen Umwelt werden die gegebenen organischen Funktionen und psychischen Reaktionsweisen des Menschen zum »Problem«, d. h. der Mensch wird als Mängelwesen definiert, das als solches einer technologischen Kontrolle und Optimierung bedarf. Während das Habitatkonzept primär die Umweltebene im Auge hat – eine volltechnische Umgebung »erhält« das Leben –, empfehlen Clynes und Kline die Technisierung des Menschen und seinen Umbau zum »Cyborg«. Ihr Konzept »schließt bewusst exogene Komponenten ein, die die selbst-regulierenden Steuerungsfunktionen des Organismus erweitern, um ihn so an neue Umgebungen anzupassen« (Clynes/Kline 2007: 469). Auch im Rahmen der Weltraumfahrt und -forschung löst sich also das Konzept technischer Optimierung aus dem medizinischen Kontext. Für die beiden Mediziner Clynes und Kline wurde die Verfasstheit des normalen Menschen problematisch – und nicht erst mögliche Versehrungen, Einschränkungen oder Behinderungen.

Die gedankliche Lösung von Boden und Schwere zeitigt interessante Diskurseffekte, die ich als Ausdruck eines *atopischen Denkens* bezeichnen möchte, welches wiederum der konstruktiven Moderne zuzurechnen ist. Da ist zunächst die *Umkehrung des Verhältnisses zwischen Natur und Technik*. Die Entwürfe für »O'Neill-Kolonien«, »Stanford-Tori« oder »Bernal-Sphären« zeigen kultivierte Biotope, die in volltechnische Architekturen eingeschlossen sind. Dabei kann es sich um Gartenstädte handeln oder um industrielle Landwirtschaftsanlagen (Abb. 6). Diese Umkehr ist ein Sinnbild der Verschiebung im Verhältnis zwischen Natur und Gesellschaft, dass auf der Erde längst statt hat und nur in einem globalen Maßstab begriffen werden kann.

Der Soziologe Ulrich Beck, der das Schlagwort von der »Risikogesellschaft« prägte, argumentiert, dass Natur am Ende des 20. Jahrhunderts zunehmend »unterworfen und vernutzt« erscheint »und von einem Außen- zu einem *Innen-*, von einem vorgegebenen zu einem *hergestellten* Phänomen geworden« ist (Beck 1986: 9). Das ist auch die recht exakte Beschreibung eines Weltraumhabitats. Auf der Erde erwächst aus dieser Integration der Natur in das Industriesystem eine neue »immanente ›Natur‹abhängigkeit« (Beck 1986: 9) und damit ein »Bumerang-Effekt« (Beck 1986: 50), der die technologisierte Marktgesellschaft mit den Versehrungen der Umwelt und den ökologischen Schäden verkoppelt, die sie selbst erzeugt. Weil soziale und ökologische Bumerang-Effekte nicht an nationalen Grenzen halt machen, hat Beck eine atopische Kehre angemahnt. Er kritisiert daher den in Politik, Wissenschaft und Gesellschaft nach wie vor vorherrschenden »methodischen Nationalismus« und plädiert für eine Globalisierung der Denkkonzepte (Beck 2007).

Abbildung 6: Querschnitt einer kosmischen Landwirtschaftsanlage

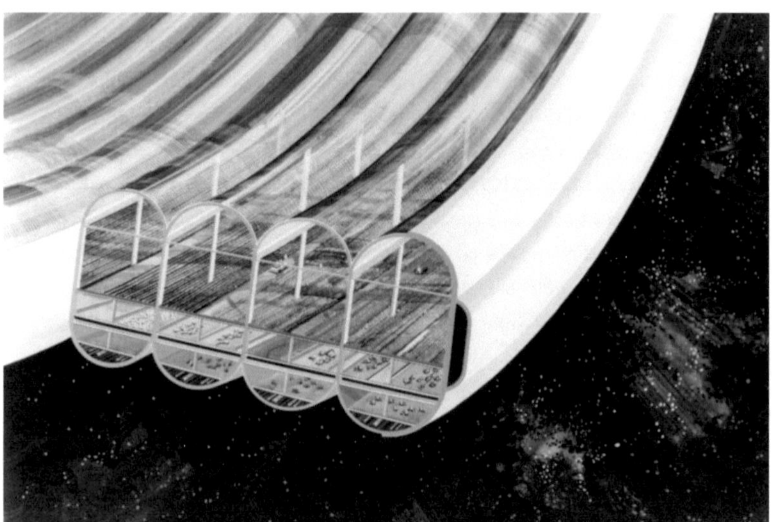

Quelle: NASA Ames Research Center, Datei-ID: AC78-0330-4, Bild: R. Guidice

Natur und ökologische Eigendynamik werden im Kontext dieser Globalisierung wichtige Kategorien, aber dies gerade deshalb, weil sie von künstlichen Systemen durchdrungen oder in sie eingebettet sind. »Natur« bekommt Bedeutung und wird Gegenstand von Diskursen, weil sich das Verhältnis von Technologie und Leben umkehrt. Die atopischen Weltraumkonzepte verleihen dieser Entwicklung einen nachgerade idealtypischen Ausdruck: Technologie wird zu einem »Lebenserhaltungssystem«, wenn das Leben seine Biotope auf der Erde verlässt. Auch die Eigendynamik von Ökosphären tritt dabei hervor, denn es ist gar nicht so einfach, sie in verkleinerten Modellen zu reproduzieren. Bisherige Projekte liefern aber wichtige Hinweise, worauf dabei zu achten ist.

Zudem formuliert das Weltall-Besiedlungskonzept eine konsequente und strukturell pro-moderne Lösung für das *globale Zivilisationsdilemma*, das Beck als »Weltrisikogesellschaft« beschreibt. Vor ihm hat schon der Technikphilosoph und -kritiker Günther Anders auf dieses Dilemma aufmerksam gemacht. Er wählte die Metapher der »Frist«, um deutlich zu machen, dass die Existenz der menschlichen Gattung mit der Entwicklung der Atomwaffe und strategischer Trägersysteme in eine unhintergehbare Vorläufigkeit gestellt ist (Anders 1972). Anders übersieht dabei jedoch, dass neben anderen globalen modernen Strukturrisiken wie Wachstumsgrenzen, Überbevölkerung oder Klimawandel auch diese »Befristung« aufgehoben wird, wenn die Gattung »Mensch« den Planeten verlässt und sich im Sonnensystem oder sogar jenseits dessen verstreut.

Ganz auf dieser Linie diskutierte Gerard K. O'Neill dann auch das »planetarische Dilemma«. Er verstand darunter die grundsätzliche Beschränkung der Energie, des Lebensraumes und der Rohstoffe auf der Erde (O'Neill 1978: 33-44). Damit griff er die Debatten über die Grenzen des Wachstums und über die atomare Abschreckung auf, die die Sensibilität für die technischen, politischen und sozialen Risiken verstärkten, die die Menschheit als Gattung bedrohen. Im Weltall – so die Argumentation O'Neills – entfallen solche Schranken und Risiken. Anders als auf der Erde lassen sich in Weltraumhabitaten die Lebensbedingungen fast beliebig manipulieren. Gleichzeitig stünden unbegrenzte Mittel aller Art zu Verfügung. Müllentsorgung wäre kein Problem – ein Schubser Richtung Sonne genügt. Das ressourcenverschlingende und riskante Auf- und Absteigen in Gravitationsfeldern entfalle, während zugleich der Verkehr zwischen Weltraumhabitaten nur verschwindend geringe Energiemengen benötige. Im Weltall wird der Raum zu einer unendlichen *frontier*.[22] Habitate kann man in prinzipiell unbegrenzter Zahl bauen. Jede Religions- oder Wertegemeinschaft könnte ihre eigene Wohnwalze betreiben – eine Idee, die 1975 in der sogenannten »Stanford-Studie« der NASA durchgespielt wurde (Marsiske 2005: 145).

Nach einer ausführlichen Diskussion der strukturellen Risiken der Modernisierung und der Möglichkeiten der Weltraumbesiedlung kam O'Neill zu dem Schluss, dass die planetengebundene Existenz einer modernen und

22 Der amerikanische Originaltitel von O'Neills Buch lautet folglich auch *The High Frontier*.

technischen Zivilisation nicht angemessen sei (O'Neill 1978: 38-43; Heppenheimer 1977: 26-27). Zudem entlaste »das Öffnen des Tors zum Weltall« die irdische Biosphäre, so dass parallel zur Ausfahrt ins All eine ökologische Versöhnung zwischen Zivilisation und Umwelt denkbar werde (O'Neill 1978: 248-250). Diese Überlegungen O'Neills erscheinen auch heute noch ausgesprochen radikal. Stellt man aber in Rechnung, was Moderne im Kern heißt – nämlich Mobilität, Fremdheit, Künstlichkeit, Technik und Weltgesellschaft –, erscheinen sie dann immer noch so ungewöhnlich? Jedenfalls ist dieses Denken in einer radikalen Weise atopisch, denn es problematisiert nicht nur wie Beck die Bodengebundenheit »nationalistischer« Gesellschaftsvorstellungen. Es geht einen Schritt weiter und entlarvt diese Bodengebundenheit als eine überholte Vorstellung, die dem Wesen der Moderne nicht entspricht.

Auch *Leiblichkeit* – »die Natur, die wir selbst sind« (Böhme 1992) – wird im atopischen Kontext anders verstanden. Die Körper bedürfen der technologischen Optimierung, weil sie nicht mehr qua Natur in die Welt passen. Der »normale« Körper wird »zum Problem«. Umgekehrt wiederum erscheint der Weltraum, wie es das am Kapiteleingang wiedergegebene und von Ziolkowski dokumentierte Telegramm an die Menschheit festhält, für »Kranke und Schwache« als der ideale Ort, da sie hier in einer Umwelt leben können, die sich ihrer Konstitution flexibel anpassen lässt (Ciolkovskij 1977: 102). Im atopischen Diskurs wird zwischen dem »starken« und dem »schwachen« Körper, zwischen »Normalität« und »Behinderung« gar nicht mehr klar unterschieden; diese im irdischen Alltag scheinbar so selbstverständliche Unterscheidung nach körperlichen Merkmalen wird vielmehr unterwandert. Wenn alles schwebt, sind Rollatoren überflüssig.

Die Weltraum-Cyborgkonzepte verweisen somit auf den sozialen Konstruktionscharakter der Differenz zwischen »normaler« und »anormaler« Körperlichkeit. Im Weltraum ist jeder Mensch »gehandicapt«. Damit wird sichtbar, dass die Normalität »der Normalen« lediglich Effekt einer sozialen Differenzierungspraxis ist. Indem Abweichungstatbestände geschaffen und identifiziert werden, lässt sich im Kontrast dazu »so etwas wie ›Normalität‹ herstellen und sichern« (Waldschmidt/Schneider 2007: 10). Nicht umsonst muss man sich aus der Perspektive der *disability studies* fragen, ob die zunehmend weiterreichenden »Möglichkeiten der technischen Körperformierung« nicht immer häufiger Situationen erzeugen, »in denen sich der einzelne Mensch mit seiner individuellen Körperausstattung als ›behindert‹

im weiteren Sinne erfährt. Im Grunde ist Behinderung nicht die Ausnahme, die es zu kurieren gilt, sondern die Regel« (Waldschmidt/Schneider 2007: 10).

Etwas metaphorisch gesprochen sind »mechanisierte« Menschen lediglich Leute, die auch im Weltraum leben könnten. Sozialpolitisch formuliert heißt das, dass in den diskutierten Weltraumkonzepten eine Emanzipation des Körpers aus diskriminierenden Kontexten sichtbar wird. »Der Mensch« wird als ein Wesen verstanden, das an keine Normalgestalt gebunden ist. Jeder Mensch ist – mit Plessner – »exzentrisch« und insofern eben nicht »normal«.

Eben diese Lösung des Menschen aus körperbezogenen diskriminierenden Kontexten – also Stigmatisierungen entlang der Kategorien Behinderung, Geschlecht oder Herkunft – scheint mir ein ganz wesentliches Moment in der Anthropologie Helmuth Plessners zu sein. Daher möchte ich vorschlagen, sie als einen Vorläufer des atopischen Denkens im hier gemeinten Sinne zu lesen, denn für Plessner waren Menschen gerade solche Wesen, die auf keine »natürliche« Umwelt oder Gestalt festgelegt sind. So heißt es bei ihm:

> »Als Ich, das die volle Rückendeckung des lebendigen Systems zu sich ermöglicht, steht der Mensch nicht mehr im ›Hier-Jetzt‹, sondern ›hinter‹ ihm, hinter sich selbst, ortlos, im Nichts, geht er im Nichts auf, im raumzeithaften Nirgendwo-Nirgendwann.« (Plessner 1975: 292)

Diese Textstelle kann in vielfältiger Hinsicht gelesen werden: Der Mensch ist das Wesen, das »hinter sich« kommt, d. h. um sich selbst weiß. Der Mensch ist ein Wesen, das seine Position in der Welt historisch reflexiv erfasst und daher auch verändern kann. Als »zeitloses« Wesen ist der Mensch der Autor von Geschichte und Fortschritt. Nichts in seiner Natur hindert ihn daran, sich zu verändern, zu lernen, Utopien zu formulieren und sich an ihnen zu orientieren. »Ortloses« Wesen ist der Mensch, da er nicht qua Natur an eine Scholle oder ein Territorium gebunden ist. Er kann reisen. Er ist konstitutiv ein Fremder, ein *Alien*. Die Textstelle lässt sich aber auch ganz wörtlich nehmen: Der Mensch ist offen für neue, technisch erschließbare Umgebungen. Obwohl an Land geboren, kann er zur See fahren oder in den Weltraum reisen (Fischer 2014). Einerseits leibgebunden ist der Mensch andererseits immer schon ein raumbehauptendes Wesen, das jeder gegeben-

natürlichen Umwelt entkommen kann, ja muss. Er erscheint daher als von seiner Natur her künstliches Wesen, das sich und seine Umwelt in sozialen Zusammenhängen erschafft. Plessner spricht daher von der »natürlichen Künstlichkeit« des Menschen (Plessner 1975: 309-321).[23]

Diese »Künstlichkeit« dekonstruiert Diskurse, die auf scheinbar »natürliche« Differenzen Bezug nehmen und diese Differenzen zur Regulierung sozialer Teilhabe nutzen. Anders als in posthumanen Konzepten verschwinden aber Leiblichkeit und Sinnlichkeit dadurch nicht aus der Welt. Für Plessner sind sie vielmehr in jeder Hinsicht ernst zu nehmen. Hier generiert sich Selbst- und Welterfahrung, hier konstituieren sich (kulturelle) Deutungen und Sinnkonzepte. Damit kommt das leibliche Individuum zum Vorschein, das in seiner aktiven Eigensinnigkeit und mit seinen Erfahrungen zu berücksichtigen und anzuerkennen ist. Hierin steckt eine kritische Perspektive auf die Vorstellung einer kybernetischen Gesellschaft, denn Erfahrung und Eigensinn lassen sich nicht immer reibungslos in die geregelten Kommunikationsschleifen der Herrschaftskybernetik einfügen. Wie sich am Beispiel der prothetischen Kriegsveteranen bereits gezeigt hat, können diese Erfahrungen »stören«. Daher werden sie als Abweichung konstruiert und mittels mehr oder weniger subtiler Formen der Diskriminierung negiert. So kann dann das soziale System friktionsfrei vor sich hin schnurren. Aus Luhmann'scher Perspektive können solche Diskriminierungstechniken auch als »symbiotische Mechanismen« verstanden werden, also als Mechanismen, die die organische Ebene mit den sozialen Systemen verkoppeln, indem sie die Möglichkeit von Störungen eliminieren (Luhmann 1974). Exklusion, Stigmatisierung und Diskriminierung gehören so gesehen zur Systemlogik.

Zusammengefasst verweist die Untersuchung von Weltraumkonzepten auf einen weiteren Kontext, in dem die technische Optimierung des Körpers jenseits des medizinischen Therapiedispositivs gedacht wird. Im Weltraum geht es darum, den menschlichen Körper an eine neue Umwelt anzumessen. Zudem wird kein Wesensunterschied zwischen »Normalität«, »Einschränkung« oder »Cyborg« gemacht, sondern vielmehr ein Kontinuum humaner Möglichkeiten angenommen.

Der Blick über den Horizont des Planeten zeigt zudem, dass in den entsprechenden Konzepten ein erhebliches Potential für die Dekonstruktion

23 Siehe Kapitel 3.

diskriminierender Praxen angelegt ist. Das ist letztlich ein Effekt des atopischen Diskurses, der sich aus den Verknappungs- und Machtstrategien des »einschränkenden« Denkens löst. Denn mit der technisch gegebenen Möglichkeit zur totalen Entortung wird der kontingente Charakter kontrollierender und diskriminierender Herrschaftsmechanismen offensichtlich und in seiner Legitimation grundsätzlich fragwürdig. »Geht nicht«, »Sachzwang«, »Sparen« – solche Ausreden sind dann nicht mehr möglich. Diese Bürokratenformeln verlieren ihre Plausibilität und Legitimität im »never-never storybook of outer space« (Dempewolff 1975: 97).

Dieses kritische Potential darf aber nicht darüber hinwegtäuschen, dass mit dem Hinausgreifen in den Weltraum auch Machtechniken »erweitert« werden. Donna Haraway hat deshalb auf die Doppeldeutigkeit technologischer Innovationen hingewiesen. In ihnen sind progressive und reaktionäre Momente enthalten. Herrschaftssysteme werden immer versuchen, Zugriff auf den Leib zu bekommen, denn nur dann funktioniert Macht. Sie haben dazu zwei miteinander kombinierbare Möglichkeiten, nämlich die Kontrolle der Cyborg-Kommunikation – siehe Google-Brille oder *cyborg soldier* – und die Verknappung des Raums durch Einschließung, Erfassung, Selektion. Letzteres wäre auch in einer geschlossenen Weltraumkolonie ohne Probleme möglich. Oder man hält sich die Entrechteten wie in dem Film *Elysium* einfach vom Leib, indem man sie auf dem Planeten einsperrt. Nicht vergessen werden darf zudem, dass die »Raumfahrt für die Erde« – also das in der Bundesrepublik derzeit gültige politische Leitbild der Raumfahrt – in den Machtkontext der globalen Sicherheitspolitik verflochten ist.

8 Science-Fiction

> »Meint nicht im Grunde jedes Weekend dieses unreale und doch höchst wirkliche Land, in dem es ganz anders ist, – und führt nicht sogar manches Weekend wirklich dahin?«
> HANS FREYER,
> *DIE POLITISCHE INSEL* (1936)

Am Wochenende geht man gerne ins Kino, zum Beispiel in einen Science-Fiction-Film – ein Genre mit Robotern, Terminatoren, Künstlichen Intelligenzen, Monstern, Übermenschen oder Cyborgs. Dabei handelt es sich um Phantasmen veränderter, verbesserter und technischer Körper – Phantasmen also, die im Kontext der Upgrade-Thematik höchst interessant sind. Es ist daher nötig, sich diesem utopischen Phänomen zuzuwenden und zu untersuchen, welche Wirklichkeit da wirklich wird.

Wie kein anderes ist das SF-Genre dazu prädestiniert, sich mit dem Cyborg-Konzept auseinanderzusetzen. Es liegt auf der Hand, dass sich die Science-Fiction das Konzept und vor allem den Begriff selbst nicht entgehen lassen konnte, da hier in einem technologischen Kontext über die Zukunft des Menschen und seines Körpers spekuliert werden kann. Außerdem veröffentlichten Clynes und Kline ihren Beitrag in der Zeitschrift *Astronautics* und tauchten damit im Beobachtungsbereich notorisch raumfahrtinteressierter SF-Autoren auf. Stanisław Lem rezipierte das Konzept bereits 1964 in der polnischen Erstausgabe der *Summa technologiae*; die Science-Fiction brauchte also nur wenige Jahre, um den Begriff über den Eisernen Vorhang hinweg zu globalisieren (Lem 1981: 583-586). Die Idee, Körper und Technologie zu einem neuen Wesen zu verbinden, stellt aber ohnehin ein beliebtes Motiv dieses Genres dar. In Gestalt der »Marsleute«, die die Erde heimsuchen, ließ H.G. Wells Cyborgs bereits 1898 aufmarschieren. Die Novelle *War oft he Worlds* schildert eine technische Evolution, die mit dem Menschen beginnt und zum Cyborg führt. So führt Wells' Erzähler aus:

»Es scheint mir ganz glaubwürdig, dass die Marsleute von Wesen abstammen mögen, die uns nicht unähnlich waren, und zwar durch die allmähliche Weiterentwicklung ihrer Gehirnteile und Hände [...] auf Kosten des übrigen Körpers [...] Wir Menschen mit unseren Fahrrädern und Schlittschuhen, unseren Flugmaschinen, Flinten und Stöcken und so weiter stehen gerade an der Schwelle jener Entwicklung, welche die Marsleute bereits hinter sich haben. Sie sind tatsächlich eine bloße Gehirnmenge geworden, besitzen Körper, die ihren Bedürfnissen angepasst sind, genauso wie Menschen ihre Stoffanzüge tragen oder nach dem Fahrrad greifen, wenn sie in Eile sind, oder nach dem Regenschirm, wenn es regnet. [...] Und da ich schon bei diesen Einzelheiten bin, will ich noch hervorheben, dass die langen Hebelarme ihrer Maschinen in den meisten Fällen mittels einer Art Schein-Muskulatur von Scheiben in elastischen Scheiden in Bewegung gesetzt werden [...]. Auf diese Art entstand die merkwürdige Ähnlichkeit mit animalischen Bewegungen [...]. Solche Quasimuskeln fanden sich besonders häufig bei der krebsähnlichen Greifmaschine [...]. Diese Maschine glich unendlich mehr einem lebenden Wesen als die wirklichen Marsleute, die drüben im Licht der untergehenden Sonne lagen, kräftig keuchten, ihre kraftlosen Fühler regten und sich nach ihrer endlosen Reise nur mühsam bewegen konnten.« (Wells 1974: 122, 124 f.)

Als »bloße Gehirnmenge« sind die Marsleute die Inkarnation des Mängelwesens. Versetzt in die quasi-organische Maschinerie werden sie zum Cyborg. Wäre der Roman nach dem Ersten Weltkrieg geschrieben worden, würde man denken, dass er die kybernetische Prothetik beschreibt, die als Folge des Krieges entwickelt worden ist, um die »reduzierten« Körper der Versehrten wieder in produktive Bewegungsabläufe einzugliedern.[24] So nimmt die Story sowohl den Welt(en)krieg als auch seine prothetisch-technologischen Folgen lediglich vorweg.

Die Vorwegnahme einer apokalyptischen Krise in Verbindung mit der Technisierung des Körpers ist ein gängiger Topos der Science-Fiction. Besonders aktuell wurde dieses Thema in den 1980er Jahren. NATO-

24 Siehe Kapitel 5.

Doppelbeschluss, Tschernobyl, Waldsterben, Neoliberalismus – all das komprimierte sich in dem *Sex-Pistols*-Slogan »no future«. Eine Welt aus EMP-gehärteter und vernetzter Künstlicher Intelligenz erschien am Zukunftshorizont. Neue soziale Bewegungen mischten den politischen Betrieb auf, man stritt sich über »Postmoderne« und das »Ende des Menschen«. Ulrich Beck schrieb über die »Risikogesellschaft«.

Diese Entwicklungen hinterließen auch im Science-Fiction-Film ihre Spuren. In einer Reihe von SF-Filmen der achtziger Jahre wird eine zerrüttete Gesellschaft oder postatomare Welt ausgemalt. Auch wenn sie nicht mit dem Atomschlag einsetzen, widmen sich diese Filme einer verwüsteten Zukunft. Die Bürgerrechte sind auf ein Minimum reduziert oder existieren gar nicht mehr. Die Menschen sind korrupten Politikern, mächtigen Konzernen oder gewalttätigen Banditenhorden hilflos ausgeliefert. In diesem Setting erscheint dann der männliche Held, der die Bösewichter am Ende eliminiert. Otto Karl Werckmeister fasst diese Filme als Ausdrucksformen einer »Zitadellenkultur«, die die Gefahrenzonen thematisiert und »den Widerspruch zwischen Wohlstand und Leiden« bewusst hält, ihn aber »in voller Schärfe« ästhetisiert (Werckmeister 1989: 17 f.). Deutlich ist in den SF-Filmen dieser Kultur die Faszination an durchtechnisierten, gerüsteten und cyborgisierten Körperbildern zu spüren.

Paradigmatisch für diesen Topos ist die Filmtrilogie *Mad Max* mit Mel Gibson in der Hauptrolle. Die Trilogie zeigt eine postapokalyptische Zukunft aus Sandwüsten, in denen der Krieg um das Benzin entbrennt. Überleben kann hier nur, wer mit einem kräftigen Motor verbunden und durch einen gepanzerten Wagen geschützt ist. Und so durchstreifen lebende Panzerwagen die postatomare Öde nach Beute. In der Technik sucht das »atomisierte« Subjekt den Halt, den das zerrüttete Soziale nicht mehr bieten kann. Aber die Bindung an den Motor gerät periodisch in die Krise, wenn der Tank sich leert. Denn Treibstoff bedeutet Mobilität und Flexibilität. So fungiert Benzin als allgemeine Wertform, in der sich jedes andere Ding als Ware darstellen lässt. Im zweiten Teil wird die politische Ökonomie dann auch konsequent durchbuchstabiert: *Mad Max 2* (Australien 1981, Regie: George Miller) entwickelt den Kampf zweier Monopole – dem Monopol der Ölförderung und dem Monopol der Straße – um die Währungshoheit. In jenen Kampf zwischen Produktion und Zirkulation greift nun der einsame Held ein. Als »Bourgeois« ist ihm das Benzin ausgegangen. Als »Citoyen« entwickelt er daher ein Allgemeininteresse an Gerechtigkeit und Ordnung –

und die privatisierte Gewalt der mobilen Warlords wird zum Problem. Die unsichtbare Hand der Regie besorgt den ebenfalls gewalthaltigen Umschlag der bloßen Privatinteressen ins Allgemeininteresse, das von dem einsamen Techno-Helden – Mel Gibson als *Max* – vertreten wird. Das Ende des Films plädiert dann auch für Solidarität und »community«.

Die Körper der motorisierten Warlords und der Ritter einer neuen postatomaren Ordnung sind technisierte und gepanzerte Exoskelette. Sie bestehen aus einer Trinität von Technomuskeln, Waffen und Punk-Ästhetik. Nur in dieser Synthese von Körper und Technik scheint der *freeway warrior* den Daseinskampf im postatomaren *highway holocaust* bestehen zu können (Abb. 7).

Die aufgerüsteten und maskulinen Cyborgs aus den dystopischen SF-Filmen der 1980er Jahre werden nur verständlich, wenn man sie in den Kontext der technologischen und politischen Wirklichkeit ihrer Zeit stellt. Einerseits kann der geschilderte Zukunftswüstenkrieg als Metapher einer zerrütteten neoliberalen Gesellschaft entschlüsselt werden, in der jeder Einzelne als Raubunternehmer agiert und in der Profit und Gewalt zu den bestimmenden Prinzipen werden. Entsprechend heißt es auch in einem Prospekt für das Rollenspielsystem *Dark Future*, dessen Setting an die *Mad Max*-Filmtrilogie angelehnt ist:

»I have seen the future and it's dark [...] The world [...] is marked by stark change. Society is wracked by disruption, violence and disease, where whole classes have been abandoned by the corporate interests. Even worse, they've been abandoned by the forces of law and order. The great cities of the West are now clinically divided into Policed Zones (PeeZees) and NoGo – areas (NoGo). In the PeeZees life goes on apace [...] The citizens of the PeeZees are wealthy, selfgratifying and decadent, pampered by the media and leisure industries and kept in luxurious imprisonment by their corporations. But life outside [...] is totally different. NoGo is a jungle where the undergrowth is concrete and steel, where predator and prey are one and the same [...] There's a strange kind of evolution in action. Beyond the cities there is only desert [...] The roads are still open [...] This is Outlaw Country, the hunting ground of vicious mobile gangs on two and four wheels.« (*White Dwarf*, Heft 102, Juni 1988, S. 33 ff.)

Andererseits thematisieren die Filme das akkumulierte technologische Destruktionspotential. Die bedrohten Menschen nehmen die Technologie

Abbildung 7: Werbeanzeige für das Rollenspielsystem Dark Future *aus einem Rollenspielmagazin von 1988*

Quelle: White Dwarf, Heft 103, Juli 1988, S. 27

gleichsam in sich auf. Sie werden technologisch, um in einer Welt der technisch-atomaren Drohung bestehen zu können. Mit Peter Gendolla kann diese im Film vollzogene Technisierung des Körpers als *symbolische Identifikation mit dem technischen Aggressor* verstanden werden. Die Verbindung des menschlichen mit dem maschinellen Körper »sucht [...] der Abtötung des Lebendigen, seiner Ersetzung durch die Maschine, die den Körper erstickt, zuvorzukommen« (Gendolla 1982: 171).

Gendolla sieht in einer solchen Identifikation die Hoffnung auf eine Versöhnung mit der Technologie, weil die in ihr verdinglichten Antriebe nicht mehr als technische Mittel abgespalten werden, sondern vielmehr »die Lust mit der Maschine« zugelassen wird (Gendolla 1982: 171). Von einer solchen Versöhnung ist im dystopischen SF-Film allerdings wenig zu sehen, vielmehr zeigt dieser sich von dem aggressiven, martialischen und monströsen Cyborgkrieger durchaus fasziniert, selbst wenn er, wie in James Camerons *Terminator* (USA 1984), der Bösewicht ist. Entsprechend gestalten sich die sozialen Settings dieser Cyborgs: Häufig handelt es sich um Varianten eines »Outlaw Countrys«. Es ist also eher so, dass durch die Identifikation mit dem technischen Aggressor auch deren Ursache, nämlich die Bedrohung, fortgeschrieben wird.

Neben der Identifikation mit dem Aggressor als Motiv der Cyborgisierung zeichnete sich im SF-Film der achtziger Jahre bereits ein zweiter Topos ab, der dann nach dem Ende des Ost-West-Konfliktes deutlich hervortrat. Es ist dies der Topos des *netwars*. Autoren, die für die militärnahe US-Forschungseinrichtung *RAND Corporation* arbeiten, benutzen dieses Konzept als Folie der Beschreibung gesellschaftlicher Konflikte (Arquilla/Ronfeldt 2001), wobei die Problematik darin liegt, dass Konflikte pauschal als »Krieg« verstanden werden. Das Netzkrieg-Konzept adressiert gleichermaßen Konflikte, an denen militärische, paramilitärische, kriminelle oder zivilgesellschaftliche Akteure und Netzwerke beteiligt sind.

Mit Filmen wie *Robocop*, *Universal Soldier* oder *Terminator 2* erschienen die Netzkriege auf der Leinwand. Von den drei Genannten kamen zwei nach dem Ende des Ost-West-Konfliktes in die Kinos, was kein Zufall war.

Robocop (USA 1987, Regie: Paul Verhoeven) entwickelt das für Cyborgfilme der Achtziger typische Setting sozialer Desintegration, das in diesem Falle in Detroit situiert ist. Korruption, Kriminalität, Konzernherrschaft und Privatisierung der Sicherheit sind die hervorstechenden Merkmale der Detroiter Zitadellengesellschaft. In dieser Welt wird aus dem von

Kriminellen ermordeten Polizisten Alex J. Murphy (Peter Weller) ein Cyborg namens Robocop erschaffen, der ohne Erinnerung seinen Dienst für den die Stadt beherrschenden Konzern versieht. Erst durch die Einmischung der ehemaligen Kollegin Anne Lewis (Nancy Allen) erinnert sich der Cyborg an den Menschen, der er einmal war, an Murphy, dem es am Schluss gelingt, das Netzwerk aus Kriminellen und Firmenleitung aufzudecken und die von den *bad guys* kontrollierten Kampfroboter zu besiegen.

Universal Soldier (USA 1992, Regie: Roland Emmerich) benutzt eine fast identische Ausgangsidee: Es geht um zwei amerikanische Soldaten, die während des Vietnamkrieges einen tödlichen Streit ausfechten. Der traumatisierte Andrew Scott (Dolph Ludgren) dreht durch und ermordet Zivilisten und seine Untergebenen. Als Luc Deveraux (Jean-Claude van Damme) versucht, ihn aufzuhalten, erschießen beide sich gegenseitig. Die Ereignisse werden vertuscht. 23 Jahre später werden die auf Eis gelagerten Körper mittels neuer gentechnischer Methoden im Rahmen des geheimen »Universal-Soldier-Programms« wiederbelebt und mit allerlei technischen Implantaten und Applikationen versehen. Dabei entstehen nahezu perfekte Kampfcyborgs, deren hervorstechende Merkmale extreme Robustheit, kommunikative Vernetzung und Willenlosigkeit sind. Sie sind nur fremdgelenkte Technik-Körper-Hybriden, die zu einer moralischen Orientierung nicht fähig sind, dieser aber auch nicht mehr bedürfen. Jedoch scheitert das Experiment, denn GR44 alias Deveraux erinnert sich, und es gelingt ihm, durch die Hilfe der Reporterin Veronica Roberts (Ally Walker) zu fliehen. Während die anderen Cyborgs ihn verfolgen, erinnert sich auch Scott. Er übernimmt das Kommando über die »Universal Soldiers«. Am Ende kommt es zum Showdown und Scott landet im Häcksler.

In *Terminator 2: Judgment Day* oder kurz *T2* (USA 1991, Regie: James Cameron) verwandelt sich der von Arnold Schwarzenegger gespielte Cyborgkrieger in den beschützenden Ersatzvater.[25] Im Laufe des Films zieht der nun mit den Menschen – d. h. mit Sarah Connor (Linda Hamilton) und ihrem Sohn John (Edward Furlong) – verbündete Terminator gegen seine fluid-digitale 2.0-Version vom Typ T-1000 zu Felde. Der Gegner kann sich

25 Genaugenommen handelt es sich bei den Terminatoren vom Typ T-800 nicht um Cyborgs, sondern um Androiden, die mit einer quasi-natürlichen Haut umgeben wurden. Die Selbstbeschreibung (in *T2*) lautet: »Ein kybernetischer Organismus, lebendes Gewebe über metallischem Endoskelett.«

als Gestaltwandler im Volk verbergen und agiert wie ein aktivierter Schläfer. Er kann sich in jeden verwandeln, den er berührt hat. Er ist viele und einer zugleich, die Personifizierung eines Netzwerks. Er stellt eine »kompromisslose Gewalt« dar, und »es gibt nichts, das ihn mit den Menschen, in deren Lebenswelt er einbricht, verbindet.« Er erscheint »unbelehrbar« und »von vornherein böse« (Hurka 2004: 93 f., 95). Kurz: Er wird in der Art eines »fundamentalistischen Terroristen« gezeichnet. Die Konfliktkonstellation erscheint damit wie eine Vorwegnahme jener neuen Kriege, in denen ein hochgerüstetes Amerika gegen flexible, hinterhältige und medial vernetzte Terroristen zu Felde zieht.

In den drei Beispielen läuft der Plot letztlich auf eine Auseinandersetzung »guter Cyborg« versus »böser Cyborg« hinaus: Robocop gegen ED-209, Deveraux gegen Scott, »T-Arnold« gegen T-1000.[26] Im Kontext der Identifikation mit dem Aggressor ist zwar die Faszination am Tech Noir deutlich zu spüren, aber im Großen und Ganzen wird der Konflikt Mensch versus Maschine durchgespielt. Bei *Mad Max* sind die motorisierten und martialisch ausstaffierten Motor-Körper der Benzinbanditen die Gegner, bei *Terminator* ist es jener T-800, der im zweiten Film dann zum Freund wird. Hier zeigt sich eine Verschiebung in der Bewertung der Cyborgidee. Die unheimliche Faszination, die unschwer als Folge eines Bedrohungsgefühls zu identifizieren ist, wandelt sich zu einem Gut-Böse-Schema, in dessen Rahmen technisches Upgrading nicht mehr per se angstbesetzt erscheint. Vielmehr handeln die Cyborgs – und im Falle des T-800 sogar ein Android – wie moralische Wesen.

Es liegt nahe, dies als eine populärkulturelle Reaktion auf die sich verschiebende Wahrnehmung der politischen Bedrohungsstruktur der Risikogesellschaft aufzufassen: statt Overkill globale Terrornetzwerke. Im Februar 1993 verübte *al-Qaida* den ersten Bombenanschlag auf das *World Trade Center* in New York.

---

26 Natürlich gibt es auch einen entsprechenden Film mit Sylvester Stallone in der Hauptrolle. In *Judge Dredd* (USA 1995, Regie: Danny Cannon) spielt Stallone einen genetisch verbesserten »Straßen-Richter«, der gegen seinen ebenfalls genetisch manipulierten, aber kriminellen Bruder antritt. Hintergrund der Handlung ist eine heruntergekommene Megacity, in der, wie schon heute in manchen Städten Südamerikas, die Ordnungsform der vervielfältigten Gewalt vorherrscht.

Der Vergleich mit aktuellen Produktionen bestätigt diese Umwertung des Cyborgs. Sehr deutlich wird dies anhand des Films *Iron Man* (USA 2008, Regie: Jon Favreau). Tony Stark (Robert Downey), Waffenfabrikant und Playboy, wird bei einer Waffenpräsentation, die in Afghanistan stattfindet, von einer Gruppe Terroristen entführt. Er kann sich nur retten, indem er heimlich eine hochtechnisierte, bewaffnete und flugfähige Rüstung konstruiert. Zurück daheim schwört er dem Waffengeschäft aus ethischen Erwägungen heraus ab, perfektioniert aber die Kampfrüstung und wird zum Superhelden, der im Laufe des Films unter anderem afghanische Zivilisten aus dem Griff der Terroristen befreit. Auch dieser Film endet mit einem Kampf guter Cyborg gegen böser Cyborg, in dem »Iron Man« Stark seinen Widersacher »Iron Monger« (Jeff Bridges), der mit den afghanischen Terroristen gemeinsame Sache gemacht hat, schließlich besiegt.

Der Film ist eine Adaption des entsprechenden *Marvel* Comics. Als Comic-Figur erschien der »Iron Man« schon 1963. Die positiven Superhelden aus dem amerikanischen Comic stellen letztlich immer »private« Sicherheitsakteure dar, deren besondere Exekutivrechte sich aus einem höheren moralischen Auftrag und ihrer schieren körperlich-technischen Überlegenheit ableiten. Sie unterstützen die Polizei bei ihrer Arbeit in unübersichtlichen großstädtischen Risikomilieus. Einsatzgebiet des Superhelden ist damit der »Krieg in den Städten«, also eine Konfliktlage, die in vielem den asymmetrischen Konstellationen entspricht, in denen die zeitgenössische globale Militärgendarmerie eingesetzt wird. Gegner sind in erster Linie Gangster, Terroristen, Warlords und Verbrecher. Der Film nun greift die gleichnamige amerikanische Comic-Serie auf, situiert das Setting aber in der Gegenwart und im Raum der neuen Kriege. Den Hintergrund des Films bildet somit der Paradigmenwechsel zum Netzkrieg, der sich bereits in *Robocop* und *Universal Soldier* andeutete. Von der symbolischen »Identifikation mit dem Aggressor« bleibt nur ein implantierter und miniaturisierter Fusionsreaktor zurück: Denn in Tony Starks Brust ist ein kleiner Reaktor implantiert (»arc reactor«), der wie eine Miniaturversion des ITER-Fusionsforschungsreaktors in Frankreich aussieht, und der den Anzug mit Energie versorgt.

Die gezeigte Rüstung selbst verbildlicht nachgerade das Ideal einer für asymmetrische Konflikte geeigneten soldatischen Schutzbekleidung. Sie vereinigt individuelle Beweglichkeit mit der Wirkung und dem Schutz eines schweren Kampfpanzers. Der Anzug selbst passt sich mimetisch dem

Körper seines Trägers an und ist zudem mit künstlicher Intelligenz, Sensoren aller Art und ausgezeichneter Kommunikation ausgestattet. Der Film zeigt somit einen hochgerüsteten Einzelkämpfer, der für das asymmetrische Konfliktumfeld optimiert ist. Mensch und Anzug bilden zusammen ein Waffensystem. Es ist daher auch kein Wunder, dass der Iron Man in entsprechenden Berichten als Metapher für realtechnische Entwicklungen – wie etwa den *Tactical Assault Light Operator Suit* der US-Army – herhalten muss.

Kulturtheoretisch lässt sich also eine Neubewertung der technischen Optimierung in populären Science-Fiction-Filmen diagnostizieren. Die Faszination für eine aufgerüstete und gefährliche Mensch-Maschine weicht der Subjektivierung des Cyborgs. Dieser erscheint nicht mehr als unheimliche Bedrohung, sondern als moralischer Akteur. Damit einher geht ein Wandel des politisch-gesellschaftlichen Konfliktparadigmas: Die Technokörper in den diskutierten SF-Filmen der 1980er Jahre sind in ein postapokalyptisches Szenario eingebettet und Ausdruck einer symbolischen Identifikation mit einer als »aggressiv« erfahrenen Technologie. Dagegen sind die neuen Cyborgs Netzkrieger, die in komplexen Sozialumgebungen agieren und für die ihre Feinde nicht einfach zu erkennen sind. Sie müssen vielmehr andauernd moralische Entscheidungen treffen und verantworten. Das Paradox an dieser filmischen Konstruktion ist, dass sie zwar einerseits der gesellschaftlichen Entwicklung entspricht und in ihr gezeigte Technologien sogar zur Metapher für realweltliche Technikentwicklungen werden. Andererseits aber zielt die militärisch-politische Realität gerade auf die Entsubjektivierung des *cyborg soldier* ab, da es der zivilen Politik darum geht, Militär im Kontext globaler Sicherheit zu funktionalisieren und soldatische Anomie zu minimieren.[27]

Die Erklärung dieser Diskrepanz ergibt sich aus dem populärkulturellen Rahmen dieser Filme. Diese thematisieren zwar durchaus reale Entwicklungen, aber zuerst gehorchen sie den Gesetzen des Unterhaltungssystems. Massenmediale Unterhaltung ist eine Form des ästhetischen Sich-Vergnügens, die dem Prinzip der Zweckfreiheit folgt (Hausmanninger 2002a). Das heißt, sie basiert auf einem aktiven und konstruktiven Wahrnehmungsverhalten und Verstehen, das von den Zweck- und Notzusammenhängen des Alltags und von politischen Motiven der Massenmobilisierung entlastet ist.

---

27 Siehe Kapitel 6.

Die Entlastung wird durch die Umstellung auf einen besonderen Aktionsmodus erreicht, der ein wichtiger Aspekt jener »Rezipientenrolle« ist, die man normalerweise einnimmt, wenn man sich »unterhalten« lässt (Spreen 2012a). Wichtig ist dabei das aktive Miterleben der die Wahrnehmung begleitenden eigenen inneren Reaktionen, Stimmungen, Urteile, Gedanken und Ideen. Dadurch entsteht zugleich eine Trennung der Realität des Zuschauers von der Illusionsrealität. Bei dieser Form der *Teilnahme durch Rezeption* bleibt dem Publikum die spezifische Situation gegenwärtig, in der es sich befindet. Diese Situation ist zweckentlastet und bildet einen Gegensatz gegen Alltagszwecke und -zwänge. Ästhetischer Genuss im Filmtheater – das gilt auch für die Situation vor dem Fernseher – ist weder Arbeit, noch Krieg, noch Schule.

Für Science-Fiction-Filme gilt das sogar in besonderem Ausmaß. Das experimentelle Zukunftssetting ist leicht als eine genretypische künstliche Welt zu durchschauen und erleichtert den entlasteten Rezeptionsmodus, so dass der Unterhaltungscharakter deutlich hervortritt. Allerdings zählen zu den genretypischen Erzählmustern des Actionfilms, zu dem auch die meisten SF-Filme zu rechnen sind, bestimmte Formen des Charakterentwurfs. Klassischerweise ist das die »Heldenreise«, in deren Verlauf der Held oder Heldin eine innere Entwicklung durchmachen, die dazu führt, dass am Ende der Gegner effektvoll ausgeschaltet werden kann (Hroß 2002: 139 ff.). Diese Heldenreise stellt wiederum häufig – und gerade auch für Jugendliche – ein sekundäres Nutzungsmotiv dar. Man kann sich quasi in Supermans Mantel hüllen, sich mit den fiktiven Helden identifizieren, und daraus Kraft für die Bewältigung des Alltags schöpfen. Thomas Hausmanninger fasst dies in seiner Theorie des medienästhetischen Vergnügens als die »thematisch-diskursive Funktion für die Selbstverständigung«. Diese Funktion umfasst ein ganzes Bündel von Thematisierungsmöglichkeiten – Bearbeitung existenzieller Lebensthemen, Angstbewältigung, Projektionsfläche –, darunter aber eben auch die der »stellvertretenden Selbstsicherung durch die Kraft des Helden, der alle bedrohlichen Situationen [...] besteht« (Hausmanninger 2002a: 250). Filmhelden werden dabei zur Metapher des eigenen Ich-Ideals. Das *aktive Subjekt* steht damit als Held oder Heldin gerade auch deshalb im Mittelpunkt des Unterhaltungs- und insbesondere Actionfilms, weil dies in der sozialen Realität eben viel zu häufig *nicht* der Fall ist! Für das Publikum ist das Ausgleich, Entspannung, Unterstützung – für die Produzenten ist das ein starkes Nachfragemotiv.

Die Diskrepanz zwischen den *cyborg soldiers* in Real- und Filmwelt erklärt sich folglich aus den unterschiedlichen Bezugssystemen – also Politik einerseits, Unterhaltung andererseits. Allerdings kann man im filmischen Heros durchaus auch ein Vergleichsraster sehen, anhand dessen Entsubjektivierungstendenzen erkennbar und thematisierbar werden können. Im Vergleich mit den filmischen Cyborgs treten realweltliche Funktionalisierungstendenzen deutlich hervor. Ebenfalls deutlich wird eine gesellschaftliche Normalisierung: Die symbolische Identifikation mit dem Aggressor macht das Konzept populär, wertet es aber auch ab, insofern die Technik im Körper unheimlich erscheint. Das seit 1989 verstärkt hervortretende Paradigma des Netzkrieges hebt diese Unheimlichkeit auf. Die Cyborghelden erscheinen zwar als Superhelden, aber als solche sind sie für das Publikum positiv besetzte Identifikationsfiguren.

Seit den 1990er Jahren lässt sich zudem eine Verweiblichung des Heros konstatieren. Die »Heroine« tritt auf der populärkulturellen Bühne auf: »Chicks Rule!« (Lenzhofer 2006). Dieser kulturelle Wandel macht vor den Cyborgs nicht halt; in den diskutierten Filmen sind die Cyborgs noch ein männliches Konzept; in der Fernsehserie *Terminator: The Sarah Connor Chronicles* (USA ab 2008) ist der schützende Terminator eine junge Frau, gespielt von der aus der Science-Fiction-Kultserie *Firefly* (USA 2002) bekannten Summer Glau. Mit dem medialen Wandel »des Cyborgs« zu »der Cyborg« setzt auch eine Veralltäglichung des Konzepts ein, die in Mystery-Serien wie *Buffy – The Vampire Slayer* (USA 1997-2003) oder *Charmed* (USA 1998-2006) ihren Ausdruck findet. Buffy Summers (Sarah Michelle Gellar) ist eine Cyborg, insofern »ihre übermenschlichen Kräfte dämonischen Ursprungs sind [...]. Wie die Cyborg ist Buffy eine Grenzfigur« (Lenzhofer 2006: 210). Der Story zufolge wurde die erste Jägerin in der menschlichen Frühgeschichte mittels eines magischen Rituals mit ihren besonderen Kräften ausgestattet. Fortan wird dieses magische Enhancement nach dem Tod einer Jägerin immer an eine neue weitergegeben, die dann weiter dafür zu sorgen hat, dass die dämonischen Wesen in ihrer Halbwelt verbleiben. Buffy ist aber zugleich eine Schülerin und junge Frau, die neben Vampiren, Dämonen und Hexen auch den normalen Fährnissen des Lebens begegnen muss. Ähnliches gilt für die drei Protagonistinnen bei *Charmed* – drei Hexen im Überlebenskampf des Alltags.

Der Auftritt *der* Cyborg bringt das Konzept also noch einmal einen Schritt näher an den lebensweltlichen Alltag heran. Zwar bleibt es im Rahmen der Unterhaltungsfiktion, aber innerhalb dieses Rahmens entwickelt sich die Idee des technisch verbesserten Körpers von dem unheimlichen Gegner über den moralisch handelnden Superhelden zur fast schon alltäglichen Powerfrau. In dem Dreischritt Identifikation mit dem Aggressor, moralische Subjektivierung, Feminisierung/Veralltäglichung kommt das Verbesserungskonzept der Gesellschaft immer näher: In allen diskutierten Film- oder Serienbeispielen wird eine Optimierung körperlicher und/ oder geistiger Fähigkeiten thematisiert, die sich jenseits des medizinischen Dispositivs bewegt. Es ist auch kein Zufall, dass Schauspieler wie Arnold Schwarzenegger oder Jean-Claude van Damme im Fitnessstudio durchtrainierte Körper zur Schau tragen bzw. dem Bodybuildermilieu entstammen, denn es handelt sich dabei um »an der Maschine« optimierte Körper. Es geht nicht um den Ausgleich eines Handicaps, sondern um erweiterte Fähigkeiten, die auf technisches Enhancement, genetische Manipulation oder absichtsvolle mystische Verbesserung zurückzuführen sind.

Der Durchgang durch den Science-Fiction-Film rekonstruiert eine Veralltäglichung des Upgradekonzepts. Die Idee wird durch die Unterhaltungskultur popularisiert und näher an den alltäglichen Erfahrungsraum herangebracht. Die technologische Verbesserung des Selbst erscheint im medialen Thematisierungsraum der Massenkultur und wird dadurch zu einem durchaus normalen Topos der Selbstthematisierung, da populärkulturelle Angebote im Rahmen der Rezipientenrolle immer auch die Funktion einer Selbstreflexion haben. Supermans Mantel oder Buffys Power bleiben dabei zwar Metapher, aber sie basieren auf der Idee eines künstlichen Körper-Enhancements. Und dass das künstlich-technologische Upgradekonzept zu einem medienkulturellen Identitätsspiegel werden kann, ist durchaus an einen gesellschaftlichen Wandel rückgebunden. Denn was wird außerhalb der Unterhaltungssphäre in der Individualisierungs- und Risikogesellschaft von den Einzelnen als ständige Aufgabe verlangt? – »Beschleunigen«, »verbessern«, »sich entwickeln«, »an sich arbeiten« etc. pp.

Dies verweist auf die realweltliche Bedeutung des skizzierten Wandels in der Darstellung technischen Enhancements: Science Fiction ist eine kulturelle Methode, Möglichkeitskosmen durchzuspielen, von denen nicht notwendigerweise klar ist, ob sie wünschenswert sind oder nicht. Selbst wenn die Szenarien mehr Fiction als Science sind, so relativieren und reflektieren sie die bestehende soziokulturelle Faktizität. Damit tragen sie dazu bei, ein Bewusstsein für den gesellschaftlichen Möglichkeitshorizont zu schaffen und für Wandlungsprozesse zu sensibilisieren. Dieses – nicht nur individuelles Handeln, sondern insbesondere gesellschaftliche Strukturen betreffende – Möglichkeits- oder Kontingenzbewusstsein ist ein typisches Merkmal der Moderne (Makropoulos 1997). SF als Kulturform thematisiert hierbei vor allem die technologisch-gesellschaftliche Seite. Ähnlich wie der Film nach Meinung Walter Benjamins erfüllt auch die SF die kulturelle Funktion, den Menschen an die »Durchdringung der Wirklichkeit mit der Apparatur« (Benjamin 1963: 39) zu gewöhnen und die Möglichkeiten dieser Durchdringung auszuloten. Für die Summe aus Science-Fiction und Film gilt das folglich erst recht.

Die untersuchte Tendenz im SF-Film muss daher auch als Ausdruck einer Veränderung im gesellschaftlichen Möglichkeitshorizont interpretiert werden. Technisches Upgrading – die Durchdringung des Körpers mit der Apparatur – erscheint nicht mehr als bedrohliche und unheimliche Möglichkeit, sondern rückt in den Alltag der sozialen Entwürfe ein, die der SF- oder Mystery-Film zeigt. Damit thematisieren diese Filme eine soziokulturelle Veränderung und zeigen zugleich ihre Wirklichkeit an. Die Upgradekultur gehört nicht mehr in den Weltraum oder in eine düstere Zukunft, sondern die Cyborgs sind gelandet und angekommen. Die hybriden Wesen aus der utopischen Wochenendwelt der Populärkultur gehören auch unter der Woche schon zum Alltag.

9 Normalisierung

»Der prometheische Drang ist ansteckend.«
MICHAEL J. SANDEL (2008)

Parasport, Krieg, Weltraumfahrt sowie das Science-Fiction-Genre verweisen auf Sinnwelten, die gerade *nicht* als Teil der alltäglichen Normalität begriffen werden können. Im Alltag sprinten die Menschen nicht mit nahezu 40 km/h zur Bushaltestelle, bekämpfen keine Taliban und schweben nicht im Orbit. Auch Terminatoren, Dämonen oder Vampire begegnen ihnen nicht, wohingegen sie selbst durchaus Cyborgs sein können. Dass die Idee des körperbezogenen Upgradings sich in diesen Diskurskontexten entwickelt, ist aber kein Zufall, denn gerade in ihnen kann der naturgegebene Körper als ein »limitierender Faktor« erscheinen. In diesen Kontexten plausibilisiert sich eindrücklich die Idee des Menschen als körperliches »Mängelwesen«.

Aber selbst das Leben auf dem entferntesten Planeten ist doch in einer Hinsicht immer Sinnbild einer sozialen Grundtatsache – nämlich der, dass es die *Künstlichkeit der Gesellschaft*, und zwar *jeder* Gesellschaft, illustriert. Denn Gesellschaft ist immer eine artifizielle Anordnung, weil der Mensch von seiner Natur aus dazu genötigt ist, seine Umwelt-, Mitwelt- und Innenweltverhältnisse selbst herzustellen, also in Koordination und Konflikt mit anderen Menschen zu produzieren. Das gilt selbst, oder vielleicht gerade, für die sogenannten »Naturvölker«. Gerade diese Gesellschaften sind, was ihre Sozialstruktur angeht, extrem konstruierte und künstliche Gesellschaften, weil die Verwandtschaftsbeziehungen *künstliche Sozialstrukturen* darstellen (Gehlen 1955). Die Bandbreite dieser von der Ethnologie rekonstruierten Systeme macht das offensichtlich. Während also die Moderne ihre kreative Energie in ein äußerst rationelles, differenziertes und geistreiches System der Arbeitsteilung und überhaupt in technische Lebenswelten steckt, aber im Hinblick auf die Verwandtschaftsstrukturen »unverhältnismäßig undifferenziert, simpel, ja phantasielos geblieben« ist, haben sich etwa die »australischen Buschmänner gerade auf diese Fragen gestürzt« und ein bemerkenswert »kompliziertes System von Tabus, Exogamieregeln, Verwandtschaftsbeziehungen, gegenseitigen Verpflichtungen der Sippenangehörigen usw. erklügelt« (Popitz 2010: 15 f.).

Die untersuchten spezifischen Diskurskontexte und Sinnwelten, in denen der Mensch als Mängelwesen erscheint, führen so gesehen nur eine in alltäglichen Lebenswelten unthematisch bleibende Voraussetzung allen sozialen Seins vor Augen: Nichts muss so sein, wie es ist. Alles ist kulturell kontingent bzw. historisch geworden und basiert auf künstlichen Regeln, Verabredungen und Anordnungen. Deutlich machen diese Kontexte aber insbesondere, dass dies auch für den menschlichen Körper gilt – auch dieser unterliegt der Möglichkeit zur soziokulturellen Umgestaltung.

Die Umgestaltung, die in diesen Kontexten anempfohlen wird, ist eine technologische Optimierung, denn es handelt sich um eine künstliche Rekonstruktion, die die Körper für die besonderen Anforderungen *fit* macht, die im Paraleistungssport, im Krieg, im Weltraum gelten. Wie aber kommen diese Optimierungen in den lebensweltlichen Alltag? Wieso verlassen sie ihre Felder und verführen zu einer generellen und positiven Bewertung technologischen Enhancements? Wie ist es möglich, dass sie zum Aspekt einer allgemeinen Upgradekultur werden können? Der Begriff der »Upgradekultur« adressiert ja die beobachtbare Tendenz, Optimierung und Enhancement in eine *allgemeine Werttatsache* zu verwandeln, d. h. in der entsprechenden Kultur sollen sich alle »aktiv« verbessern und jeder soll jederzeit an der Selbstoptimierung arbeiten.

In der zeitgenössischen Upgradekultur machen sich allerorten und jederzeit Optimierungsimperative geltend: Kompetenzen sind zu erweitern, Leistungen zu optimieren, die Fähigkeiten zu steigern, die körperliche Fitness und Erscheinung sowie geistige Präsenz zu verbessern. Reserven sind zu mobilisieren, Potentiale zu aktivieren (Kocyba 2004). Bei diesem allgemeinen Streben ist der Weg das Ziel, weil jede Leistung und jeder Output immer noch optimierungsfähig ist. Das allgemeine und aktive *Streben nach Verbesserung* ist das Wesen der Upgradekultur; Perfektion ist per definitionem ausgeschlossen bzw. bestenfalls als Momentaufnahme möglich. Mit einem Satz: Upgradekultur heißt, *alle* haben *jederzeit* und in Hinsicht *auf jede soziale Rolle* »Exzellenz« *anzustreben.*

Bei diesem Streben nach rollenspezifischer Exzellenz geht es um Kompetenzen, Fähigkeiten, Ausdruck, Körperlichkeit, Präsenz sowie um Selbstaktivierung und Motivation – mithin nicht um Äußerlichkeiten, sondern um *Modalitäten der jeweils individuellen Existenz.* Daher ist es kein Zufall, dass in der Upgradekultur die körperliche Dimension eine auffällige Bedeutung gewinnt: Die Optimierungsimperative beziehen sich nicht auf Äußerlichkeiten, sondern sie gehen in die »Tiefe«, sie zielen auf das Sein – und damit auf den Leib, d. h. auf das, was man *ist* und nicht einfach nur *hat.* Die körperliche Dimension des Upgradings wiederum involviert die technologischen Methoden des Enhancements: Gendiagnostik und -optimierung durch pränatale Selektion, Steigerung der Konzentrationsfähigkeit durch *cognitive enhancement* etwa mittels Ritalin, Arbeit an körperlicher und geistiger Leistungsfähigkeit durch Fitnesstraining und Eiweißdoping, von mobilen Apps gesteuerte Körperverhältnisse oder Schönheitsprothetik etc. pp. Im Kontext der Upgradekultur wird Technologie zu einem »intimen« Aspekt menschlicher Leiblichkeit, wie Donna Haraway anmerkt. Erklärt sich also der Wertewandel zu einer generalisierten Upgradekultur, dann erklärt sich die Invasion der Cyborgs in den Alltag praktisch mit, denn die Motivation zum technischen Enhancement des Körpers ist in dieser Kultur mitenthalten. Diese generelle Motivationslage ist das Entscheidende; der Rest sind technischer Fortschritt und die Realisierung von Marktchancen.

Zur Debatte steht also das Problem, wie sich die Idee der Selbst- und Körperoptimierung kulturell generalisieren und zu einem allgemein geteilten Wert werden kann. Es ist ja nicht so, dass dies eine Selbstverständlichkeit wäre, denn wie der Kritiker der technoiden Enhancement-Gesellschaft Michael J. Sandel zu Recht festhält, liegt der Durchsetzung des Optimierungsgedankens ein Wandel kultureller Orientierungen und eine Veränderung der gesellschaftlichen Werteordnung zugrunde:

»In dem Maße, in dem die Demut schwindet, dehnt sich die Verantwortung in erschreckende Dimensionen aus. Wir schreiben weniger dem Zufall und mehr der Entscheidung zu. Eltern werden verantwortlich dafür, die richtigen Eigenschaften ihrer Kinder ausgewählt oder nicht ausgewählt zu haben. Sportler werden verantwortlich dafür, sich die Talente, die ihrer Mannschaft zum Sieg verhelfen, angeeignet oder nicht angeeignet zu haben.

Eine der Segnungen, wenn wir uns als Geschöpfe der Natur, Gottes oder des Schicksals ansehen, ist, dass wir nicht völlig dafür verantwortlich sind, wie wir sind. Je mehr wir Meister unserer genetischen Ausstattung werden, desto größer die Last, die wir für die Talente tragen, die wir haben, und für die Leistung, die wir zeigen. Wenn ein Basketballspieler heute einen Rebound verpasst, kann sein Trainer ihn dafür verantwortlich machen, dass er falsch gestanden hat. In Zukunft wird der Trainer ihn vielleicht dafür verantwortlich machen, dass er zu klein ist.« (Sandel 2008: 27)

»Gaben«, »Segnungen« und »Talente« sind mitgegebene Eigenschaften eines Menschen; »Demut« ist die Haltung, in der sie zur Anerkennung und Entfaltung kommen. Mit solchen Ansichten ist es in der Upgradekultur vorbei; aus ihrer Perspektive handelt es sich nur noch um »konservative« Rückbesinnungen. Aber wie auch immer man sich zu der von Sandels diagnostizierten Upgradekultur bewertend positioniert, es wird doch offensichtlich, dass sich ein Kulturwandel vollzieht. Gegebenes *verliert* seinen Eigenwert. Was aufscheint, ist ein in allen Lebensbereichen wirksames Verbesserungsdenken, das als eine allgemeine Kulturnorm gelten kann und das sich insbesondere auf den Körper bezieht – sei es der eigene, der der eigenen Kinder oder der der Anderen.

Zur Erklärung des »Ansteckungscharakters« dieses »prometheischen Drangs« ist das soziologische *Konzept der kulturellen Normalisierung* sehr hilfreich. Um dies zu erläutern, ist etwas weiter auszuholen, denn mit diesem Konzept wird weder ein anthropologisches Gesetz noch ein bloßer Einstellungswandel bzw. eine »Mode« bezeichnet. Prozesse kultureller Normalisierung sind vielmehr rückgebunden an den großen sozialstrukturellen Wandel, der sich in dem westlichen Gesellschaften nach dem Zweiten Weltkrieg vollzogen hat und der im Anschluss an die Soziologen Anthony Giddens und Ulrich Beck unter dem Stichwort »Individualisierung« diskutiert wird.

Der Individualisierungsprozess wird als ein Vorgang der »Entbettung« beschrieben. Gemeint ist »das ›Herausheben‹ sozialer Beziehungen aus ortsgebundenen Interaktionszusammenhängen und ihre unbegrenzte Raum-Zeit-Spannen übergreifende Umstrukturierung« (Giddens 1996: 33). Die Menschen werden zunehmend »aus traditionalen Klassenbedingungen und Versorgungsbezügen der Familie herausgelöst und verstärkt auf sich selbst und ihr individuelles Arbeitsmarktschicksal mit allen Risiken, Chancen und Widersprüchen verwiesen« (Beck 1986: 116). Das bedeutet, dass »ständisch geprägte Sozialmilieus und klassenkulturelle Lebensformen verblassen. Es entstehen der Tendenz nach individualisierte Existenzformen und Existenzlagen, die die Menschen dazu zwingen, sich selbst [...] zum Zentrum ihrer eigenen Lebensplanungen und Lebensführung zu machen« (Beck 1986: 116 f.).

Individualisierung, Verantwortung des Einzelnen für sein Leben und damit persönliches Lebensrisiko treten an die Stelle des Standes- oder Klassenschicksals. Diese Freisetzung wird zudem begleitet von dem Verlust der Einbindung in traditionale Orientierungssysteme und Rollenidentitäten und in hergebrachte schichtspezifische Solidargruppen und -kulturen.

Als Voraussetzung für die Entbettungs- und Individualisierungsprozesse identifizierte Beck den sogenannten »Fahrstuhleffekt«, d. h. das Anheben des Lebensstandards der *gesamten* Gesellschaft. Bereits während der Industrialisierung erhöhte sich zum Beispiel in Deutschland fühlbar das Realeinkommen der breiten Bevölkerung. Vor allem nach 1950 »begann in Deutschland eine rasante Wohlstandssteigerung. Bis Ende der 1980er Jahre hat sich das durchschnittliche reale Volkseinkommen versechsfacht.« (Hradil 2001: 188) Ab Mitte der 1970er flachte dieser Trend ab, kam teilweise zum Erliegen und zeigte sich sogar als rückläufig. »Dies ändert aber nichts an der Wohlstandsvermehrung insgesamt.« (Hradil 2001: 189)

Die Folgen dieser Insgesamt-Wohlstandsvermehrung – des Fahrstuhl-Effektes – liegen vor allem in der Vergrößerung der Freizeit, der Erhöhung der finanziellen Ressourcen der Einzelhaushalte, einer stärkeren Bedeutung des Konsums und der Möglichkeiten, individuelle Glücksvorstellungen in Freizeit und Beruf zu verfolgen. Der Fahrstuhl-Effekt impliziert aber zugleich, dass das sozialstrukturelle Schichtungsverhältnis im Wesentlichen konstant bleibt. Somit stellen sich schichtenübergreifend neue Fragen bezüglich der eigenen Lebensführung, d. h. in allen sozialen Lagen wird *das Individuum* zur Adresse neuer Lebensführungs- und Lebensstildiskurse. In allen Schichten stellen sich nunmehr Fragen, die sich auf die individuelle Biographie und Identität beziehen. Insgesamt handelt es sich um eine Entwicklung, die die individuellen Entfaltungsmöglichkeiten erheblich erweitert.

Allerdings erweist sich diese »Individualisierung« als durchaus ambivalent. Denn der individualisierte Mensch ist – da ihn die Moderne aus den Schutzräumen der traditionellen, familiären und klassenspezifischen Gemeinschaften herausgejagt hat – umfassend arbeitsmarktabhängig und damit bildungsabhängig, konsumabhängig, abhängig von sozialrechtlichen Regelungen und Versorgungen, abhängig von Verkehrsplanungen, Konsumangeboten, abhängig von Moden oder Trends, abhängig von medizinischen, psychologischen oder pädagogischen Beratungen (Ratgeberliteratur, Coaching, »Hilfe zur Selbsthilfe«), abhängig von medienkulturellen Stil-, Identitäts- und Selbstmodellen. Auch das »individualisierte Individuum« erweist sich damit als fundamental institutionenorientiert; es ist unhintergehbar auf institutionelle Standardisierungen verwiesen und insofern nur begrenzt selbstbestimmungsfähig. Individualisierung meint also *nicht* die »Auflösung« des Sozialen oder die »Atomisierung« der Menschen. Mit der Individualisierung ist vielmehr eine verstärkte Einwirkung gesellschaftlicher Sozialisationsinstanzen, Institutionen, Expertensysteme und Diskurse verbunden. Damit drängt sich die These auf, dass die Bedeutung bestimmter sozialer Nahräume (Klassen, Familien, Gemeinschaften, lokale Traditionen usw.) nachlässt, während die Wirkung »großer« gesellschaftlicher Institutionen und Machtkomplexe zunimmt, insbesondere was die Medien, das Erziehungssystem und das Bildungssystem angeht. Individualisierung meint daher nicht ein Weniger, sondern ein Mehr an Gesellschaft im Individuum.

Dieses paradoxe Mehr an Gesellschaft im individualisierten Individuum verweist darauf, dass Individualisierung sich als ein Sozialisations- und Machtprozess vollzieht. Individualisierung ist kein Wunschkonzert, sondern ein Kontrollprogramm, das mittels institutionalisierter Abhängigkeiten Steuerungsimpulse in Selbstführung übersetzt. Es geht, wie Foucault so treffend dargelegt hat, darum, »Subjekte« zu erzeugen, die sich gemäß gesellschaftlicher Programme selbst führen (Foucault 1987). Es geht also um die programmgemäße Selbststeuerung in einer kybernetischen Gesellschaft.

Die Abhängigkeit des Individuums von gesellschaftlichen Großstrukturen hat aus Sicht der Individuen eine potentielle Verschärfung sozialer Problemlagen zur Folge. Sozialen Risiken wie Arbeitslosigkeit oder prekäre Beschäftigung entsprechen keine klassenkulturellen Lebens- und Interpretationszusammenhänge mehr. Solidarische Auffangbecken für soziale Probleme entfallen. Das heißt: Systemprobleme werden »in persönliches Versagen abgewandelt und politisch abgebaut« (Beck 1986: 118). Vorwurfsvoll wird auf das Individuum gedeutet, und ebenso vorwurfsvoll deutet dieses auf sich selbst. In der soziologischen Theorie wird diese Perspektivenverschiebung unter dem Begriff der »Autonomiezumutung« diskutiert:

»Die Unterdrückung von oben wird ersetzt durch die zugemutete Selbstüberlassenheit, ohne Hilfe, dafür mit voller Verantwortlichkeit für die Folgen.« (Kron 2006: 105).

Diese Verschiebung der Risikozurechnung erweist sich als ein Struktureffekt des gegenwärtigen Modernisierungsschubs. Die Individualisierungsgesellschaft ist dadurch gekennzeichnet, dass Zugehörigkeiten fraglich bleiben (»Exklusion«), sozialer Status und gesellschaftliche Position unsicher gehalten werden (»Prekarität«), Beziehungen aufkündbar sind (»Vereinsamung«) und Selbstbestimmung simuliert werden muss (»Autonomiezumutung«). Diese Unsicherheiten sind die Kehrseite der Freisetzung aus fraglosen Traditionen, lokalen Kontexten und sozialen Großgruppen. Die Risikoverwiesenheit der sozialen Existenz der Einzelnen ist daher nicht bloße Nebenwirkung der gegenwärtigen Modernisierung, sondern ein wesentliches Merkmal dieser Entwicklung. Deshalb sprach Beck auch von der Entstehung der »Risikogesellschaft«. Denn in einer entbetteten Gesellschaft gibt es – zumindest idealtypisch gesehen – keine überkommenen Antworten auf Fragen danach, wer man sein soll, welche soziale Position man einnehmen soll und was man tun soll, die im Laufe der Sozialisation schlicht internalisiert werden könnten. Es gibt keine tradierten Rollenbilder für die Identitätsbildung, keine vorgefertigten sozialen Platzanweisungen und sicheren Biographiepfade und keine *a priori* verbindlichen Muster für die Handlungs- und Wertorientierung.

Der letzte Aspekt, d. h. die *Orientierungsunsicherheit*, ist für das Aufkommen eines neuen normativen Modus verantwortlich zu machen, der der Risiko- und Individualisierungsgesellschaft entspricht. Dabei handelt es sich nicht um einen »Werteverfall«, sondern um einen neuen Weg, Werte und Orientierung zu generieren. In einer individualisierten Gesellschaft müssen Orientierung und Werte durch Anschauung der Anderen und Beobachtung der Gesellschaft gewonnen werden – also *a posteriori*. Vom Individuum aus gesehen geht es nicht einfach darum, sich an Bewährtem auszurichten, sondern überhaupt erst festzustellen, was als Bewährtes gelten könnte. Dieses Phänomen *aktiver Orientierung* und *Selbstadjustierung* bei gleichzeitiger *permanenter Beobachtung* der Identitätsmuster, Biographiekonzepte und Wertorientierungen *der Anderen* konnten David Riesman und seine Mitarbeiter bereits Mitte des 20. Jahrhunderts in der amerikanischen Mittelklasse diagnostizieren. Sie sprachen vom Amerikaner als einem »otherdirected character« und meinten damit eine generelle Orientierung der Individuen aneinander:

»Während sich der innen-geleitete Mensch kraft seiner verhältnismäßigen Unempfindlichkeit anderen gegenüber ›in der Fremde zu Hause fühlen‹ konnte, ist der außen-geleitete Mensch in gewissem Sinne überall und nirgends zu Hause; schnell verschafft er sich vertraulichen, wenn auch oft nur oberflächlichen Umgang und kann mit jedermann leicht verkehren. [...] Der außen-geleitete Mensch [...] muss in der Lage sein, Signale von nah und fern zu empfangen, es gibt viele Sender und häufige Programmwechsel. So ist es nicht erforderlich, einen Kodex von Verhaltensregeln, sondern jenes hochempfindliche Gerät, womit er diese Nachrichten empfangen und gelegentlich an ihrer Verbreitung teilnehmen kann, zu verinnerlichen. [...] Der Kontrollmechanismus wirkt jetzt nicht in der Art eines Kreiselkompasses, sondern wie eine Radar-Anlage.« (Riesman et al. 1958: 41)

Nicht zufällig greift Riesman bei der Beschreibung des außen-geleiteten Subjekttypus auf mediale Metaphern wie »Radar«, »Sender«, »Signale«, »Nachrichten« oder »Programmwechsel« zurück. Schließlich liefern die Medien eben genau jene Informationen aus der sozialen Welt, die die entbetteten Individuen brauchen. Sie orientieren sich, indem sie die Gesellschaft mittels medialer Ortungsstrahlen abtasten.

In der neueren Sozialtheorie wurde die von Riesman und seinen Mitarbeitern beschriebene Entwicklung als kulturelles Normalisierungsphänomen gedeutet. *Normalisierung* heißt, dass die offenen Fragen nach Identität, sozialer Karriere und Werten nicht einer Tradition entnommen werden können, sondern in einem gesellschaftsumspannenden kybernetischen Regelkreis aus Beobachtung, Handeln und Rückmeldung erst generiert werden. Die aus traditionalen Gesellungen freigesetzten Individuen informieren sich bei ihrer Suche nach Orientierung zunächst mithilfe der Medien über kulturell zirkulierende Sinnangebote, um Aspekte dieses Sinnangebots anschließend selektiv-eigensinnig zu internalisieren (Link 1998). Dabei gilt es, aus dem Angebot an attraktiven »Orientierungsvorschlägen und Sinn-Paketen« jeweils »individuelle Mixturen« zu erstellen (Hitzler 2008: 68). Normalisierung ist dabei immer auch Selbstkontrolle: Sie verspricht Identität, Anschluss und Erfolg, Orientierung, kurz: sie vergesellschaftet.

Im Anschluss an die Soziologin Hannelore Bublitz (2005) lassen sich zwei idealtypische Phasen der kulturellen Normalisierung unterscheiden:

Normalisierung I und Normalisierung II. Bei der *Normalisierung I* geht es vor allem um die Sicherstellung von Anschlussfähigkeit. Wenn das Individuum sich in Rollen und Räumen jederzeit flexibel bewegen muss, wird diese soziale Ressource zentral, um beruflich und privat Erfolg zu haben. Die Parole lautet: »Dabei sein ist alles!« (Bublitz 2005: 54) Medien vermitteln demnach laufend alle möglichen Wert- und Normvorstellungen, Interpretationen, Körper- und Geschlechtskonzepte sowie Haltungen, Stile und Praktiken. Sie stellen damit eine Kulturbühne für Orientierungswissen bereit, mittels dessen sich das Individuum selbst adjustieren kann.

Normalisierung II zielt dagegen nicht mehr lediglich auf Ausrichtung am verallgemeinerten Anderen, sondern vielmehr auf permanente und flexible Selbstadjustierungsprozesse, die sich differenzierend auf ein soziales Vergleichsfeld beziehen: »Alle gleich, jeder anders.« (Bublitz 2005: 59) Die Individuen haben sich andauernd mit anderen zu vergleichen und sich selbst ständig kritisch zu befragen. Sie müssen allzeit bereit sein, sich neu auszurichten und im Feld besser aufzustellen. Der Normalisierung II entspricht daher ein dem griechischen Gott Proteus ähnliches – also stets wandlungsfähiges – Subjekt (Meschnig 2003). In diese »Selbstbestimmung« ist eine *innere Optimierungsstrategie* eingeschrieben. Die auf dem permanenten sozialen Vergleich beruhenden Selbstadjustierungsprozesse münden in einen Selbstverbesserungsimperativ ein: »Selbstverwirklichung« ist in individuelle »Produktivkraft« umzumünzen (Bublitz 2005: 153).

Hintergrund des in die Normalisierung II eingeschriebenen Optimierungsdrucks ist der Konkurrenzcharakter der Risikogesellschaft, der sich nach dem Ende der fordistischen Kuschelphase der 1950er und 1960er Jahre zunehmend offenbart. Der Geist des Finanzkapitalismus »mit seinem Credo für Flexibilität, Geschwindigkeit und Aktivierung« hält Einzug (Dörre 2009: 64). Sichere soziale Positionen werden ein knappes Gut, um das gewetteifert wird. Das System sozialer Solidarkulturen erodiert und ein »konkurrenzbasiertes Regulationsdispositiv« kommt zur Geltung (Dörre 2009: 63-65).

Der *konkurrierende soziale Vergleich* ist am Ende das Vergesellschaftungsmodell, das bleibt, wenn Solidaritätsformen wie Gemeinschaft, Stand oder Klasse im Zuge des individualisierenden Modernisierungsprozesses aufgehoben werden. Den Feldern Markt, Krieg, Spiel und Sport werden deshalb bevorzugt die Metaphern entnommen, mithilfe derer die Moderne der Gegenwart beschrieben wird. Vor diesem Hintergrund ist es auch kein

Wunder, dass sich der Optimierungsgedanke von konkreten Zwecken zunehmend löst und zum Selbstzweck bzw. zu einem kulturellen Wert wird. Die »Kultur der Optimierung« hat sich »auf eine Art und Weise verselbständigt, dass nicht mehr die Veränderung und der Versuch einer Verbesserung der Begründung bedürfen, sondern nun vielmehr begründet werden muss, dass eine Optimierung unterlassen wird« (Lenk 2006: 66). Man arbeitet nicht an sich selbst, um ein bestimmtes Ziel zu erreichen, sondern man setzt sich Ziele, um sich zu optimieren. Normalisierung II verweist also auf die kulturelle Generalisierung des konkurrierenden sozialen Vergleichs. In dieser Kultur des ständigen Wetteiferns und Verbesserns fallen Individualisierungs- und Vergesellschaftungsprozess zusammen (Abb. 8).

Aber wie funktioniert die optimierende Normalisierung? Wie ist es möglich, in modernen Großgesellschaften ein solches kulturelles Modell zu implementieren? – Von entscheidender Bedeutung sind hierbei die Medien und zwar sowohl in ihrer informierenden als auch in ihrer unterhaltenden Gestalt. Sie entnehmen der Gesellschaft Informationen zur Subjektbildung und ermöglichen damit die Verwandlung dessen, was ist, in das, was immer ein bisschen besser sein soll. In dieser Normalisierungsordnung gewinnen die Extreme, Spitzen und Abweichungen eine neue Bedeutung, denn sie werden selbst »normalisiert«, d. h. für die normale Subjektbildung bedeutsam. Und dies in dreierlei Hinsicht:

Erstens liefert das Wissen über das Abnormale und Diskriminierte Informationen darüber, was nicht mehr in das Normalitätsspektrum fällt. Was muss ich vermeiden, um nicht als »pathologischer« oder »asozialer« Fall stigmatisiert zu werden? – Informationen hierzu enthält die Berichterstattung über »gefallene« Manager ebenso wie beispielsweise auch der TV-Klassiker *Dallas*.[28] Insbesondere wird Gewalt als Mittel der persönlichen Interessenverfolgung diskriminiert (Spreen 2012a). Und dieses Wissen ist

---

28 Vgl. etwa den Kommentar »Der kleine Big T in uns allen« von Christian Rickens auf *Spiegel-Online* zum Fall des Ex-Arcandor-Chefs Thomas Middelhoff (14.11.2014): Dort wird als Lehre für das moralische Selbstführungsmanual formuliert: »… tatsächlich steckt in uns allen ein kleiner ›Big T‹. Und niemand kann wissen, wie groß er wird, wenn man uns Macht in die Hand gibt. Das muss nicht immer gleich Macht über Millionensummen oder Tausende von Mitarbeitern sein. Oft reicht für Machtmissbrauch bereits das kleine bisschen Einfluss, das wir auf unseren Partner, unsere Kinder oder auch nur unseren Hund haben.«

es, das die »neosoziale« Seite des optimierenden Normalismus sichert: Der konkurrierende soziale Vergleich führt nicht in den Krieg eines jeden gegen jeden, sondern er belohnt sozialkompatibles Verhalten und aktiviert auch »sozial verantwortliche Eigenaktivität« (Lessenich 2009: 166).[29]

Abbildung 8: Der Vergesellschaftungsmodus Normalisierung II. Die Pfeile bezeichnen Wirkungseinflüsse

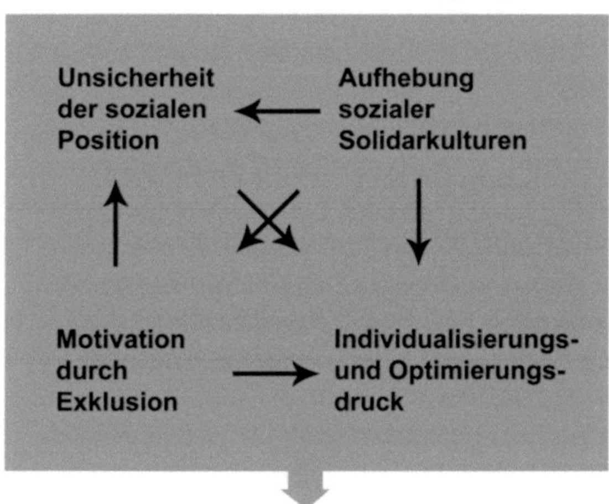

Quelle: Eigene Grafik

Zweitens beinhaltet das Wissen über Leistungs- und Motivationsspitzen, die ja ebenfalls eine Abweichung darstellen, Hinweise und Anregungen zu den Selbsttechniken, die man beherrschen muss, um aktiv und sozial merkbar den Exzellenz-Pfad zu beschreiten. Informationen hierzu können etwa der Sportberichterstattung, da sie auf außergewöhnliche Fähigkeiten und Willensstärke fokussiert, entnommen werden. Ganz besonders gut eignet

29 Die Diagnose einer durch »neo-liberale« Konzepte ausgelösten »Ökonomisierung des Sozialen« ist daher verkürzend. Sie berücksichtigt nicht die sozialmoralischen Mechanismen der optimierenden Normalisierung (Lessenich 2009: 165 f.).

sich dafür der Parasport, weil hier zudem ein Handicap »überwunden« werden muss.

Und drittens stellt das Wissen über die Identitätskrisen, Selbstzweifel und kleinen Abnormitäten der Anderen Informationen bereit, die es erlauben, die eigene Abweichung zu kalkulieren. Denn es bedarf ja einer gewissen Individualität und Besonderheit, um unverwechselbar zu bleiben. Wie aber kann verhindert werden, dass man dabei unbeabsichtigt über die Stränge schlägt? – Nützliche Informationen hierzu können Selbstdarstellungsformaten wie etwa *Domian* entnommen werden (vgl. Bublitz 2010).

Alle drei Varianten versorgen die Individuen mit Wissen und fordern sie zur Aktivität auf. Im ersten Fall erhält man Informationen über *No-Gos* und wird zu prosozialen Haltungen animiert. Die zweite Variante stellt die Techniken der Selbstoptimierung zugleich als Gebote dar und drängt so zu einer permanenten Aktivität und Steigerung. Im dritten Fall enthält man Informationen zur individualisierenden Differenzierung und Besonderung, die zugleich, ähnlich wie in der ersten Variante, »neosozial« wirken.

Individualisierung bedarf also, gerade weil sie auf einer umfassenden sozialen Entbettung beruht, einer kulturellen Normalisierung. Diese versieht die individualisierten Menschen – »Frauen«, »Männer« und Dritte aller Art, wie zum Beispiel »Cyborgs« – mit den notwendigen Orientierungen, die es ihnen gestatten, sich flexibel und dynamisch im Raum der institutionellen Abhängigkeiten zu positionieren, wobei das Risiko der Bruchlandung immer den Hintergrund bildet. Dabei beinhaltet der Individualisierungsprozess, sobald er den Normalisierungstypus II erreicht, notwendig Strategien der Selbstoptimierung. Es geht um soziale Anschlussfähigkeit *und* das Streben nach persönlichem Herausragen *gleichzeitig* – und zwar *für alle*. Beides muss gewährleistet sein, um sowohl in den Augen der Anderen als auch in den eigenen ausreichend Bestätigung zu finden – wobei mit George Herbert Mead zu ergänzen ist, dass die eigenen Augen vor allem das sehen, was die der Anderen sehen *würden*.

Entsprechend der existenziellen Adressierung des Individuums im Kontext der Normalisierung II gerät auch der Körper ins Visier der Optimierungsanstrengungen. Mittels mobiler Gesundheits-Apps, intelligenter Waagen, Schlafsensoren, Schrittzähler etc. kann sich das Individuum laufend Feedback über seinen körperlichen Fitness- und Gesundheitszustand geben und die Wege zu weiterer Verbesserung weisen lassen. Inzwischen finden sich Optimierungs-Apps auf jedem neuen Smartphone. Sie eröffnen die technische Option, den eigenen Körper umfassend zu vermessen und ihn im Abgleich mit den bereits gewonnen Daten zu verbessern (»*self monitoring*«). Das Ganze kann darüber hinaus auf Webplattformen veröffentlicht werden, so dass ein sozialer Vergleich möglich wird.

Philipp, Jungunternehmer, lässt seinen Körper Tag und Nacht technisch überwachen. Auch der Schlaf lässt sich messen: »Es ermittelt sich ein Score von 76. Das ist schon ganz in Ordnung.« Zur Zielbestimmung sagt er: »Was ich damit erzielen möchte, weiß ich nicht. [...] Man sammelt erst die Daten und schaut dann, was sie ausmachen.« Katharina, Bikini-Fitness-Athletin, steuert Nahrungsaufnahme und Körperfettabnahme mittels einer App auf ihrem Smartphone. Ihr Ziel ist es, »beim nächsten Wettkampf mehr Muskulatur zu haben, nicht ganz so dünn auszusehen, also noch ein bisschen förmiger das Ganze.« Eine angehende Kommissarin besucht täglich das Fitnessstudio und berichtet: »Verbessern möchte ich mich, zum Beispiel wenn ich die Arme angucke. Dass ich mein Körperfett reduziere, dass man meine Schulter besser sieht. Ich möchte die Schulter breiter haben, bisschen mehr davon. Mehr Bizeps, Trizeps, Bauch ... Eigentlich möchte ich jeden Muskel verbessern. Es gib nichts, was ich nicht noch mehr ... anders haben möchte. Gibt immer was zu tun.«

Unzufrieden wirken die Interviewten nicht.[30] Ihre Haltung dürfte typisch für den Trend zu einem *quantified self* und einem verdateten Körper sein, weil die Selbsterforschung genau solche Ergebnisse zurückspiegelt, die ein positives Licht auf Selbst und Körper werfen: »Selbstvermessung stiftet Zufriedenheit über die eigene Individualität« (Passig 2012: 425). Der soziale Vergleich verstärkt dabei die Selbstmotivation zur Verbesserung und enthält doch zugleich auch eine beruhigende Botschaft, nämlich die, »dass man dort, wo man von der Mehrheit abweicht, immer noch in Gesellschaft ist« (Passig 2012: 425). Der *verdatete und vernetzte Körper* der Upgradekultur verbindet damit individuelle Optimierung und soziale Rückversicherung.

Die körperbezogenen Optimierungstrends lassen sich gut mit der Autonomiezumutung der Individualisierung in Zusammenhang bringen. Denn der Individualisierungsprozess erzeugt ein »entbettetes« Selbst, das konstitutiv von Institutionen abhängig ist, dem aber paradoxerweise die gesamte

30 Die Zitate sind dem *Spiegel-TV Magazin* zum Thema »Die Selbstoptimierer. Tuning in eigener Sache« vom 2.11.2014 entnommen.

Verantwortung für seinen Lebensverlauf aufgebürdet wird. Damit liegt es aber auch nahe, dass neue technische Möglichkeiten, die es dem Individuum erlauben, sein Leben – und stellvertretend dafür: seinen eigenen Körper – zu kontrollieren und die Verantwortung zu übernehmen, die zugemutet wird, entsprechend genutzt werden. Während der großgesellschaftliche Rahmen sich zunehmend den subjektiven Einflussmöglichkeiten entzieht, kann ihnen der Leib mittels neuer Technologien unterworfen werden. Am Körper zeigt sich, dass man die Optimierungsimperative »lebt«, dass man »aktiv« ist. Der Körper signalisiert die richtige Einstellung und wird damit zur Bedingung sozialer Integration. Passend dazu stellt die Vernetzung der verdateten Körper Möglichkeiten des sozialen Vergleichs und der sozialen Einbettung bereit. Das alles funktioniert auch dann, wenn der Körper »behindert« ist – es muss nur sichtbar werden, dass nicht das Handicap den Körper regiert, sondern der Wille zur Selbstverbesserung. So gesehen erweist sich das optimierende Körper-Enhancement als Symptom des Individualisierungsprozesses – in Bezug auf den Körper kann Autonomie eingelöst und zugleich »neosozial« rückgebunden werden.

Die dunkle Seite der realen Upgradekultur soll aber nicht verschwiegen werden: Diese besteht darin, dass diejenigen, denen unterstellt wird, dass sie nicht störungsfrei im gesellschaftlichen Getriebe mitlaufen, sich einem erhöhten Exklusionsrisiko ausgesetzt sehen. Da Upgrading und Enhancement im Kontext einer kybernetischen Gesellschaft stehen, in der es vor allem darum geht, dass »Funktionen« erfüllt werden und sich zum Zwecke der Funktionserfüllung zu verbessern, werden von diesem Risiko alle jene bedroht, die Sand ins Getriebe streuen *könnten:* zum Beispiel psychische »Problemfälle«, die unter Depression, Burnout oder PTBS leiden, also unter Störungen, die sich – pädagogisch gesprochen – negativ auf die »Selbstwirksamkeitsüberzeugung« auswirken, Kranke, deren Körper nicht mit einer Hochleistungsprothese repariert werden können oder trotzdem an ihren Verlusterfahrungen leiden, »Menschen mit Migrationshintergrund«, denen ein Mangel an Integration in die Leistungskultur unterstellt wird – man führe sich etwa das Alltagsstereotyp »des Südländers« vor Augen – oder Alleinerziehende, die notwendig eigensinnige Prioritäten verfolgen. Auch Innovatoren sind Exklusionsrisiken ausgesetzt, denn Innovationen sind anomische Abweichungen (Merton 1995: 136 ff.). In der Integrationszone zeitigen solche Exklusionsrisiken einen durchaus positiven Rückkopplungseffekt, denn das Risikowissen erhöht die Motivation zur normalistischen Selbstoptimierung und wirkt daher im Sinne der Normalisierung. Paradoxerweise wird in der Exklusionszone derselbe Optimierungsdiskurs angewandt, der den Ausschluss zur Folge hatte oder zumindest nicht verhindern konnte: Arbeitslose sind zu »aktivieren« und zu einem »unternehmerischen Selbst« zu erziehen (Bröckling 2007). Es ist offensichtlich, dass der Erfolg dieses auf das Problemobjekt der Arbeitslosen angewandten Selbstmanagement-Dispositivs immer nur ein begrenzter sein kann, weil der Bock zum Gärtner gemacht wird.

Exklusion und Stigmatisierung sind aber bewährte Normalisierungsmittel. Sie helfen über die zentrale Paradoxie der Upgradekultur hinwegzutäuschen. Denn der Normalzustand der Enhancement-Gesellschaft ist das Streben nach »Exzellenz«: Aber können alle gleichzeitig das Ziel erreichen, »König« zu sein? – Das können sie eben nicht, sondern man braucht ein soziales Vergleichsfeld als Hintergrund, vor dem das »Herausragende« sich differenzierend abhebt. Exkludierte eignen sich dafür besonders gut. Exzellenz ist also keine mitgegebene Eigenschaft, sondern »exzellent« ist, was *hinterher*, nach dem sozialen Normalisierungsprozess, so bezeichnet wird.

Resümierend kann also festgehalten werden, dass der von Sandel diagnostizierte Ansteckungscharakter des »prometheischen Drangs« sich aus einem Prozess kultureller Normalisierung erklärt, dessen Funktion in der Substitution frageloser traditionaler Normen und Werte besteht. Die im Zuge der Modernisierung entbetteten Individuen beziehen ihre Wertorientierungen aus dem ständigen Vergleich. Dabei lässt sich die Normalisierung nicht auf eine bloße »Gleichmacherei« herunterbrechen, da in sie ein aktivierendes und optimierendes Konkurrenzmodell eingeschrieben ist, das differenziert und exkludiert. Im Zuge dieses Wertewandels wird der Körper zum sichtbaren Marker der Optimierungskultur. An ihm zeigt sich, dass man die Ideologie teilt und bereit ist, das tägliche Passiergefecht aufzunehmen. Mit andern Worten: Die Upgradekultur ist *die* Kultur der Individualisierungsgesellschaft. Mit ihr entsteht eine hegemoniale kulturelle Hybridation. Als Antwort auf die Eingangsfrage nach dem Grund für die Generalisierung von Upgrade-Orientierungen, kann also auf die Individualisierungs- und Normalisierungsprozesse verwiesen werden. Die Upgradekultur ermöglicht eine dynamische Vergesellschaftung jenseits traditionaler kollektiver Orientierungen.

Spezifische Diskurs- und Sinnwelten wie Parasport, Krieg, Weltraumfahrt oder Science-Fiction erscheinen dabei als exzeptionelle Laboratorien eines kulturellen Wandels, der schließlich die ganze Gesellschaft erfasst. Hier wird vorgedacht oder vorgemacht, was inzwischen Normalität ist. Nicht zufällig nutzt die Individualisierungsgesellschaft Metaphern der Mobilmachung ebenso wie Metaphern des Leistungs- und Extremsports, um ihren Alltag zu beschreiben. Im Prinzip sind wir auch alle astronautische Cyborgs, trainiert und verbessert im Orbit, um im täglichen Bodenkampf um den Highscore bestehen zu können.[31] Allerdings dementiert die gesellschaftliche Wirklichkeit der Upgradekultur die kritischen und inklusiven Potentiale die insbesondere dem Diskurs über die Weltraumfahrt inhärent sind. Anstelle der Niemals-Nie-Narrationen des unendlichen *outer space*, die mit dem Verzicht auf Exklusion eine echte soziale Innovation empfehlen, kommen auf der begrenzten Erde systematisch ausgrenzende Differenzierungsmechanismen zur Wirkung.

Einen besonders interessanten Fall stellt dabei die Science-Fiction dar. Hier wird nicht nur die Idee eines verallgemeinerten Körper-Enhancements durchgespielt und schließlich alltagsnah präsentiert. Als Genre der Populär- und Massenkultur hat diese Gattung vielmehr Anteil an dem medialen Orientierungs- und Normalisierungsdispositiv der Individualisierungsgesellschaft. Die Unterhaltungskultur übernimmt eine wichtige Sozialisationsfunktion, denn durch den Unterhaltungscharakter hindurch liefert sie laufend kulturelle Informationen. Diese Informationen sind es vor allem, die die Radaranlagen der Orientierung-Suchenden erfassen und in ihrem Sinne auswerten (Spreen 2012a). Wenn also in SF- und Mystery-Unterhaltungsserien die Upgrade-Cyborgs dem Alltag immer näher kommen – die Film- und TV-Cyborgs immigrieren ja aus der postapokalyptischen Zukunft in gegenwärtige Alltagskontexte –, so dokumentiert dies nicht nur den Wertewandel zur Upgradekultur, sondern es spiegelt ihn auch zurück: Die Serien versetzen ihre Heldinnen und Helden in den Alltag der Risikogesellschaft und bedienen als medienkultureller Identitätsspiegel zugleich die Verbesserungsmentalität ihrer Zuschauerinnen und Zuschauer. Damit ist die Science-Fiction selbst schon Moment des medialen Normalisierungsdispositivs.

31 Online-Games sind Spielfelder, in denen der Zusammenhang von Konkurrenz, Risiko und Highscore-Mentalität verdichtet zum Ausdruck kommt und adäquates Handeln spielerisch trainiert werden kann. Zudem fördern diese Games auch die neosoziale Arbeit in Teams und Zufallsgemeinschaften (»Clans«).

10 Sozialtheorie

»Der Körper ist uns Tempel und Altar, Götze und Opfer. Heilig gesprochen und versklavt. Der Körper ist alles.«
MIA HOLL
JULI ZEH, *CORPUS DELICTI* (2009)

In dem Science-Fiction-Roman *Corpus Delicti* schildert Juli Zeh ein totalitäres Gesundheitsregime, in dem der Staat jegliche Privatsphäre aufgehoben hat und die Bürgerinnen und Bürger unter der Herrschaft der »Methode«, die zugleich Ideologie und Gesetz ist, dazu verpflichtet sind, an ihrer permanenten Optimierung zu arbeiten. Fitness und Gesundheit sind *Pflicht*; eigensinnige Gesundheitsschädigungen stehen unter Strafe. In dieser Welt ist der Körper alles. Zugleich heiliger Fetisch, in dem sich der Bürger- und Subjektstatus spiegelt, ist er umfassenden Manipulationen, Kontrollen und Disziplinierungen unterworfen und Sklave des Herrschaftssystems. Aber natürlich handelt es sich bei dem Roman um eine Mitteilung über die Gegenwart, denn mit ihrer oben zitierten Aussage trifft die Hauptfigur Mia Holl genau das Körperverständnis der Individualisierungsgesellschaft. Der Unterschied zwischen Fiktion und Wirklichkeit besteht aus dem institutionellen Rahmen; und auch dieser Unterschied ist nur graduell, denn in dem Maße, wie staatliche Institutionen, aber auch Versicherungsunternehmen, Techniken der Aktivierung und Fitness zur Pflichtübung erheben, nähert man sich dem beschriebenen Regime.

Obwohl fiktional, stellt der Roman auch eine sozialtheoretische Stellungnahme zur zeitgenössischen Upgradekultur dar. Er beschreibt ein Körperregime, das zugleich ein Herrschaftssystem darstellt und das den Körper zum Medium des Zugriffs auf die Staatsbürger macht. Er bewertet dieses

System, was nicht nur im Kontext des Romans eine legitime Operation darstellt, sondern auch im Kontext einer Sozialtheorie, insofern diese im Unterschied zur normativ enthaltsamen soziologischen Analyse im engeren Sinne durchaus solche Stellungnahmen enthalten darf oder sogar soll. Sozialtheorien reichen von »empirischen Generalisierungen bis zu umfassenden Deutungssystemen, in denen philosophische, metaphysische, politische, moralische Grundhaltungen zur Welt verknüpft sind« (Joas/Knöbl 2004: 36). Die Bandbreite der Sozialtheorie reicht also von distanzierten Gesellschaftstheorien bis zur kritischen Soziologie, die nach gesellschaftlichen Einschränkungen für ein gelingendes Leben fragt, und festhält, dass etwas nicht in Ordnung ist (Rosa 2009: 87-90). Im Falle des anzitierten Romans ist die kritische Stellungnahme eindeutig, denn dargestellt wird, wie dem Individuum im Namen seines Körpers die Verfügung über sein Leben genommen wird. Die Möglichkeit der Kritik besteht, da das gezeichnete Regime gegen das liberale Machtprinzip der »Führung der Führungen«, also der Regierung durch Selbstregierung, verstößt und somit für die Leserinnen und Leser sich die Möglichkeit eines distanzierenden und kritischen Blicks auf die Optimierungsgesellschaft eröffnet. Wäre die »Methode« tatsächlich bereits Gesetz, wäre der Roman im Giftschrank verschlossen oder einer Bücherverbrennung zum Opfer gefallen.

Die Gesellschaftstheorie, die Zehs Roman zugrunde liegt, ist die Machtanalytik des italienischen Philosophen Giorgio Agamben. Dieser beschreibt soziale Integration als wesentlich machtvermittelte Struktur: Die Gesellschaftsmitglieder werden alle, wenngleich in verschiedener Stärke, mit der Verbannung bedroht. Jeder steht »auf der Schwelle« und kann aus dem Kreis der Bürger bzw. »der Menschen« ausgeschlossen werden. Bestimmte soziale Gruppen dienen dabei als exemplarische Fälle, die die Drohung untermauern. Eine andere Hautfarbe, jüdische Herkunft, Unterschicht – gerade anhand nichtablegbarer Merkmale, also verkörperlichter Kategorien, lassen sich »Fremde« markieren und als potentielle »Schädlinge« diskriminieren. Die Drohung mit dem Bann ist die Machtform, die die Gesellschaft zusammenhält und integriert. Das Leben und der Körper sind für Agamben dabei ganz zentrale Bezugspunkte der Macht, denn es geht nicht um das Rechte oder Unrechte, sondern immer »um die Einbeziehung des Lebewesens in die Sphäre des Rechts« (Agamben 2002: 36). Soziale Ordnung beruht nach Agamben auf existenziellen und biopolitischen Sicherheitsimperativen, die die Rechtsordnung nicht unberührt lassen.

Problematisch an dieser Sozialtheorie ist, dass sie die bestehende politische Struktur des demokratischen Rechts- und Verfassungsstaates als Schein behauptet und in Anlehnung an Carl Schmitt, wenngleich kritisch gewendet, einen realexistierenden *permanenten Ausnahmezustand* annimmt, der unter dem Deckmantel von Aktivierungs- und Sicherheitsdispositiven das Recht als Regulativ der Macht außer Kraft setzt (Spreen 2010). Obwohl eine solche Diagnose zumindest als Warnung immer ernst genommen werden muss, ist Agambens Behauptung, dass sowohl die globale Weltordnung als auch die gegenwärtige Verfasstheit westlicher Demokratien ein Ausnahmezustandsregime darstellt, nicht nachvollziehbar, denn die Rede vom »permanenten Ausnahmezustand« adressiert einen totalen Maßnahmestaat, in dem Regierung, Gesetzgebung und Rechtsprechung in der Exekutive zusammenfallen. Der permanente Ausnahmezustand ist der Normalzustand eines »totalen Staates« im Sinne Carl Schmitts, in dem die politische Führung von allen rechtlichen und parlamentarischen Bindungen freigestellt wird und sich in ständiger existenzieller Verteidigungsbereitschaft befindet.

Führt man sich diesen sozialtheoretischen Kontext der Rede vom »permanenten Ausnahmezustand« vor Augen, so wird rasch klar, dass der permanente Ausnahmezustand weder als Begriff noch als Metapher taugt, die derzeitige politische und kulturelle Ordnung in den westlichen Zivilgesellschaften zu bezeichnen. Weder Rechtszustand oder Gewaltenteilung, noch politischer und gesellschaftlicher Pluralismus werden aufgehoben. Selbst partielle Einschränkungen bürgerlicher Freiheiten im Namen der Sicherheit, wie die hochproblematische staatliche Überwachung der Online-Kommunikation, rechtfertigen es keineswegs, von einer grundsätzlichen Annullierung des demokratischen Rechts- und Verfassungsstaates auszugehen.

Auch in Zehs Roman taucht ein um Lebens- und Körperbegriffe zentrierter permanenter Ausnahmezustand auf. Die biopolitische Sicherheitslage erscheint ständig bedroht. Die »Methode« gibt sich bloß den Anschein einer Rechtsordnung. In Wirklichkeit handelt es sich um ein kleinliches – also »methodisches« – Gesundheitsregime, das eine ständige Bestrafbarkeit aller herstellt – zumal die umfassende Überwachung der Privat- und Intimsphäre sichergestellt wird. Jeder Bürger ist durch ein RFID-Implantat getaggt. Wer den Gesundheitspflichten nicht nachkommt, gilt als Volksschädling und Gefährder des Staatsfriedens und wird einem abgestuften System der Exklusion unterworfen. Am Ende droht das zwangsweise »Einfrieren auf unbestimmte Zeit« (Zeh 2009: 259), denn Leben nehmen darf die »Methode« nicht, wenn sie sich nicht selbst dementieren möchte. Zeh gelingt es sehr gut, die Ausschlussspirale als konstitutive Form einer Machterhaltungsstrategie zu rekonstruieren und zu zeigen, wie das Regime in jedem Einzelnen ein biopolitisches Risiko sieht und daher alle mit Exklusion bedroht. Mia Holl ist selbst überzeugte Anhängerin der »Methode« – als Biowissenschaftlerin liegt das für sie auch nahe –, aber weil sie den Selbstmord ihres Bruders nicht verwinden kann und ihr Laufband vernachlässigt, gerät sie in die Exklusionsmühle des Systems, deren strukturell paranoide Handlanger ihr in einer Reihe von Schauprozessen staatsfeindliche Umtriebe unterstellen.

Ähnlichkeiten zwischen der literarisch konstruierten Gesellschaft in Zehs *Corpus Delicti* mit dem permanent »aktivierten« Leben in der »Risikogesellschaft« sind nicht zu übersehen. Auch im Kontext der Normalisierung II bleibt eine körperbezogene Optimierungshysterie nicht aus. Auch hier gilt: Je mehr der optimale Körper verehrt wird, umso mehr ist er Zurichtungen unterworfen. Es gibt am perfekten Body eben »immer was zu tun«.[32] Auch ist die Konstruktion eines permanenten Ausnahmezustands im Rahmen des utopischen Romans zulässig, allerdings kann dieses Konstrukt nicht einfach eins zu eins auf die Gegenwart rückprojiziert werden. Die optimierende Normalisierung der Individualisierungsgesellschaft ist eine im Wesentlichen *kulturelle*, keine staatliche Angelegenheit, wenngleich der »aktivierende Sozialstaat« sich sehr gut in diesen Trend einfügt.

Eine an Agamben anschließende Sozialtheorie kommt am Ende zu einer sehr kritischen Bewertung der Upgradekultur, denn deren körperbezogene Aktivierungs- und Optimierungsimperative erscheinen als *Vorboten einer totalitären Biopolitik*, die im Namen der Sicherheit die Bürgerrechte außer Kraft setzt. Durch die Brille dieser Theorie denkt man sich die Upgradekultur im Kontext eines totalitären Politischen, d. h. im Kontext einer Gesellschaftsordnung, die auf die Auflösung der zivilgesellschaftlichen Verfassungs- und Rechtsordnung abzielt. Aus der hier eingenommenen Perspektive ist die auf der optimierenden Normalisierung beruhende Upgradekultur dagegen eher als soziologischer Gegenstand *sui generis* zu verstehen, d. h. nicht als Übergangsphase zu einem neuen Bio- und Sicherheitsfaschismus, sondern als eine eigenständige soziokulturelle Ordnungsform. Aufruhend

32 Siehe Kapitel 9.

auf dem Individualisierungsprozess errichtet diese ein medial vermitteltes, normalistisches Orientierungssystem, das überlieferte Werte substituiert oder zumindest ergänzt. Bedingt durch den Modus des konkurrierenden sozialen Vergleichs ist in diese Normalisierungsprozesse ein »neosozial« grundierter Optimierungsdruck eingelassen.[33]

Derzeit mindestens ebenso populär ist es, statt mit Agamben mit Bruno Latour zu argumentieren und in der Umstellung und Durchdringung des Körpers mit optimierenden Technologien eine positiv zu wertende Sozialisationsleistung zu vermuten. Im Unterschied zu Agamben beansprucht Latours Technikethnologie nicht, die alltägliche Mensch-Maschine-Interaktion als Ausdruck eines Ausnahmezustandsregimes zu beschreiben. Für Latour sind die Dinge, die Maschinen und die Technologien letztlich der moralische Kitt, der die Gesellschaft zusammenhält. Technik ist »stabilisierte Gesellschaft« (Latour 2006). Latour und die mit seinem Namen verbundene *Actor-Network-Theory* (ANT) bieten eine technikorientierte Sozialtheorie, die ebenfalls auf die Individualisierungsgesellschaft und die Bedeutung des Körpers abzielt. Zeitdiagnostisch konstatiert Latour ganz konservativ eine soziale Desintegration, die sich als Verfall handlungsleitender kollektiver Normen, also als »Werteverfall«, äußert:

> »Im Übrigen scheinen sich heutzutage Männer und Frauen durch nichts mehr disziplinieren zu lassen; sie weigern sich zu lernen, die Tür bei Kälte geschlossen zu halten. [...] wir alle wissen, dass die Menschen auf nichts mehr achten, wenn man sie nicht mit immer härteren Maßnahmen zur Ordnung ruft.« (Latour 1996: 80)

Latour zufolge sind es nicht mehr Werte und Traditionen, sondern vielmehr die Dinge, die Maschinen und die Technologien, die soziale Ordnung konstituieren. Gesellschaft ist keine »soziale« Veranstaltung, sondern eine »soziotechnische« (Law 2006). Erst die Netzwerke aus menschlichen und nicht-menschlichen Akteuren oder Ms und NMs erzeugen Gesellschaft, weil sie materialisierte Moral ins Spiel bringen. Der beschwerte Schlüsselanhänger, der die Hotelgäste daran erinnert, beim Verlassen des Hotels den Schlüssel an der Rezeption abzugeben, der Berliner Schlüssel, dessen technische Konstruktion die Mieter zwingt, das Haus beim Verlassen oder Betreten wieder zu verschließen, der »schlafende Polizist«, der Kraft seiner

33 Siehe Kapitel 9.

Materialität die Autofahrer dazu nötigt, die Geschwindigkeitsbegrenzung einzuhalten, der Personalcomputer, dessen »nervös« blinkender Curser sanft aber penetrant an die Pflicht zur Arbeit mahnt, oder die Eieruhr, die in der Küche ein strenges Zeitregime errichtet – alles Technologien, denen eine normierende Funktion zukommt:

»Es ist uns gelungen, an nicht-menschliche Wesen nicht nur Kraft, sondern auch Werte, Pflichten und eine Ethik zu übertragen. Aufgrund dieser Moralität verhalten wir Menschen uns so vernünftig, welche Schwäche und Bösartigkeit wir innerlich auch empfinden mögen. Die Summe an Moralität bleibt nicht einmal konstant, sondern sie wächst mit der Population der nicht-menschlichen Wesen gewaltig an.« (Latour 1996: 68)

Im Kern kehrt Latour das Argument Emile Durkheims, wonach intelligible moralische Tatsachen »soziale Dinge« seien, einfach um (Durkheim 1980: 125 f.): Für ihn werden die Dinge zu materiellen moralischen Größen. Innerhalb dieser Verkehrung ist die »symmetrische Anthropologie« (Latour 1998), wonach Menschen und Nicht-Menschen in derselben Ebene zu verorten sind und gleichberechtigte Mitglieder der Gesellschaft darstellen, nur konsequent, weil die Unterscheidungen zwischen Intelligibilität und Materialität, zwischen praktischer Vernunft und Sachzwängen und zwischen Freiheit und Naturzwang, die für das moderne Denken konstitutiv sind, eingeebnet werden. Aus der ANT-Sicht sind »Maschinen mit denselben analytischen Prozeduren zu behandeln wie Menschen« (Law 2006: 351). Das nicht länger durch innere Einsicht und praktische Vernunft geleitete Individuum der Individualisierungsgesellschaft – David Riesman spricht diesbezüglich vom »außen-geleiteten Charakter« – wird von den Maschinen sozialisiert und im gesellschaftlichen Verbund gehalten. Anstelle internalisierter kollektiver Werte und Normen wird Technik zur Konstitutionsbedingung sozialen Verkehrs und sozialer Interaktion, »Gesellschaft« erscheint als ein hybrides Arrangement menschlicher und nicht-menschlicher Aktanten. Diese heterogenen Arrangements sind der »die soziale Welt mehr oder weniger stabil zusammenhaltende[..] ›Kleber‹« (Law 2006: 350).

Der an Immanuel Kant und die Antinomie von Freiheit und Naturzwang anknüpfenden »Moderne« wirft ANT folglich eine »Diskriminierung der Maschinen« vor (Law 2006: 361). Die analytische und praktische Entwertung der Maschinen sei endlich zu beenden; ihr Status als gesellschaftliche Akteure anzuerkennen.

»Die meisten Soziologen behandeln Maschinen – wenn sie sie überhaupt wahrnehmen – als nur mit wenigen Rechten ausgestattete Bürger zweiter Klasse ohne Sprecherlaubnis, deren Handlungen abgeleitet und abhängig von den Handlungen menschlicher Wesen sind.« (Law 2006: 360)

Und der Körper? Im Angesicht der Durchdringung des Leibes mit Technologien und instrumentellen Dispositiven mutet die Latour'sche Unterscheidung zwischen »menschlichen und nicht-menschlichen« Wesen auf den ersten Blick etwas mittelalterlich an. Schaut man genauer hin, stellt sich das aber anders dar, denn das Symmetrieparadigma nivelliert die Unterscheidung zwischen Mensch und Maschine oder Subjekt und Objekt (Bergande 2012: 199 f.), so dass man die Unterscheidung zwischen Menschen und Nicht-Menschen nicht als eine essentielle auffassen darf, sondern lediglich als eine, die Handlungsverkettungen und -netzwerke zwischen verschiedenen »Entitäten« beschreibt. Jede dieser »Entitäten« ist für Latour eine *Black Box*. Er begreift solche Schachteln selbst als Netzwerke, die sich aber dadurch auszeichnen, dass sie ihrer Rekonfiguration Widerstand entgegen setzen und als Ganzes handeln können. Es liegt nahe, diese Idee auch auf den menschlichen Körper anzuwenden. Denn was kommt zum Vorschein, wenn man den Leib eines zeitgemäß ausgestatteten und verdateten Ms öffnet? – Ein vernetztes System aus organischen und technischen Maschinen! Wir sind alle »zum Teil Maschinen«, bemerkt daher John Law unter Referenz auf Donna Haraways »Cyborgs« (Law 2006: 360).

Es liegt auf der Hand, dass diese ordnungsaffirmative Sozialtheorie eine ganz andere Bewertung der Technisierung des Körpers nahelegt, als die an Agamben orientierte postkritische Theorie. Denn die Inkorporierung von Technologie und instrumentellen Dispositiven (»Skripts«) ist immer eine Disziplinierung und impliziert damit – in Latour'schen Kategorien gedacht – eine *moralische Sozialisationsleistung*. Damit die Organe und Implantate der Black Box »Körper« zu einem funktionierenden bio-kybernetischen Gesamtsystem werden können, bedarf es spezifischer Anpassungsprozesse seitens der Ms. Es muss *gelernt* werden, die Informationen technischer Sinne zu interpretieren oder eine künstliche Hand zu steuern. Regelmäßige medizinische *Kontrollen* des techno-organischen Systems sind notwendig.

Schnittstellenprobleme *disziplinieren* die Lebensführung. Dass von mobilen Apps *geplantes* Fitnesstraining Stoffwechsel und Tagesablauf strukturiert, ist evident. Upgradekultur und Cyborgisierung implizieren somit eine »innere« Disziplinierung. Die gesellschaftlichen Institutionen, welche die Körperdisziplinierung tragen, müssen sich nicht mehr darauf beschränken, an der leiblichen Oberfläche anzusetzen – wie zum Beispiel noch Kloster, Kaserne oder Fabrik. Nunmehr ist der jeweils individuelle Leib selbst eine solche Institution (vgl. Spreen 2000: 46).[34]

Das aber heißt, dass mit den Cyborgs aus Perspektive der Actor-Network-Theory erstmalig eine Sozialutopie machbar erscheint, in der die Differenz zwischen »Eigensinn« und »Disziplin« bzw. zwischen »Individuum« und »Gesellschaft« aufhebbar erscheint, weil der Leib selbst zum Medium gesellschaftlicher Disziplinierung wird. In einer ANT-Maschinen- und Cyborgwelt würden »Moral« und »Eigensinn« letztlich keine Gegensätze mehr bilden. Das moderne Problem, Freiheit, Selbstverwirklichung und verinnerlichte praktische Vernunft zu den materiellen Bedingungen sozialen Seins ins Verhältnis zu setzen, würde »endlich« – so muss man das mit Latour wohl sagen – aus der Welt geschafft (Bergande 2012). Die von ANT gezeichnete, »soziotechnische« Welt der NM-M-Vernetzungen lässt dieses Problem verschwinden – »die klassischen Debatten über Freiheit, Schicksal, Vorsehung, nackte Gewalt oder Willen«, so Latour (1996: 79), »werden nach und nach ihren Gegenstand verlieren.«[35]

Mit Latour wäre die Cyborgisierung, die ja letztlich das Telos der Upgradekultur darstellt, prinzipiell positiv zu werten, weil sie zur Vermehrung der soziotechnischen Anordnungen führt und dabei sogar den Leib einbezieht. Dies stabilisiert Gesellschaft. Allerdings lässt sich mit dem Konzept nur schwer die Dynamik der Normalisierung II erklären. In der Upgradekultur geht es ja gerade nicht um »Stabilisierung«, sondern um »Optimierung«. In diese Kultur ist Verbesserung eingeschrieben und genau diese

---

34 In Luhmann'schen Kategorien heißt das, dass der Organismus selbst zu einem »symbiotischen Mechanismus« wird, also zu einem Mechanismus, der organischen Systemirritationen entgegenwirkt.

35 Das heißt nicht, dass das Problem der Anomie bzw. des »abweichenden Verhaltens« aus der ANT-Perspektive verschwindet, denn Türschließer können »streiken« (Latour 1996) und Container können sich im Wüstensand ungeplant aufstapeln.

Norm lässt sich im ANT-Konzept nicht darstellen, weil Maschinen eben funktionieren oder nicht-funktionieren, weil sie der Wartung, Reparatur oder Ausbesserung bedürfen.[36] Maschinen sind konservativ – und genau das ist es ja, was Latour so an ihnen schätzt. Der Drang zur nächsten, besseren Version aber kommt nicht aus ihnen selbst, sondern stammt aus den Logiken der Konkurrenz, des Wettkampfes oder des Krieges – Logiken, die das steuernde Prinzip der Normalisierung II ausdrücken. Zwar ist die Individualisierungsgesellschaft der Normalisierung II konstitutiv technisch-medial vermittelt, weil ohne Medien der konkurrierende soziale Vergleich unmöglich ist und ohne Enhancement-Technologien jedes Körper-Upgrading nur »symbolisch« bleibt, aber die sie auszeichnende Dynamik ist eine soziale und kulturelle, keine technische. Die Dynamik der Optimierungskultur setzt Akteure voraus, die die Freiheit innehaben, sich im handelnden Selbst- und Fremdbezug zu verändern um sich selbst »zu verbessern«. Maschinen sind zu sehr gewohnheitsorientiert. Ein solches Streben ist ihnen fremd. Mit anderen Worten: Eine soziale und kulturelle Ordnungsstruktur wie »Normalisierung« basiert konstitutiv auf handelnden Menschen, also auf einem Typus von Akteuren, die im Vergleich zu den Anderen an ihrem Selbst- und Körperbild arbeiten, die sich also sinnlich-produktiv und sinnhaft-kognitiv auf den Blick der Anderen, die ebenso verfahren, beziehen, und die dem Prinzip der »Führung durch Selbstführung« (Foucault) unterworfen sind.

Selbstverständlich ist diese Kultur zutiefst mit Machtwirkungen verbunden, denn es geht um die indirekte Steuerung von Handlungen, um die Ausbildung gesellschaftlicher Hierarchien und um Inklusion/Exklusion. Aber diese Machtwirkungen, setzen, wie Foucault – darin ganz moderner Kantianer – festhält, die Freiheit voraus, Möglichkeiten zu nutzen oder zu schaffen:

»Wenn man Machtausübung als eine Weise der Einwirkung auf die Handlungen anderer definiert, wenn man sie durch das ›Regiment‹ […] der Menschen untereinander

36 Ein technisches Gerät, so auch Niklas Luhmann, wird unter dem Gesichtspunkt betrachtet, »ob es kaputt gehen kann«. »Die Leitunterscheidung ist hier heil/kaputt oder […] fehlerfrei/fehlerhaft. […] Es handelt sich also […] um einen Beobachtungskontext, der besondere Interessen an der Aufrechterhaltung regelmäßiger Verläufe […] zum Ausdruck bringt.« (Luhmann 1990: 263)

kennzeichnet, nimmt man ein wichtiges Element mit hinein: das der Freiheit. Macht wird nur auf ›freie Subjekte‹ ausgeübt und nur sofern diese ›frei‹ sind. Hierunter wollen wir individuelle oder kollektive Subjekte verstehen, vor denen ein Feld von Möglichkeiten liegt, in dem mehrere ›Führungen‹, mehrere Reaktionen und verschiedene Verhaltensweisen statthaben können.« (Foucault 1987: 255)

In Eisen gekettete Sklaven – sprich in Maschinennetzwerke eingewobene Ms – wären für Foucault gar nicht Teil einer Machtanordnung, denn dort »wo die Determinierungen gesättigt sind, existiert kein Machtverhältnis« (Foucault 1987: 255). Die »Gesellschaft«, die ANT zu beschreiben meint, stellt allerdings in der Tendenz genauso eine gesättigte Determinierung dar; lediglich eine Rekombinatorik und Resortierung der »soziotechnischen Gemenge« – der Ketten-Körper-Ketten – erscheint wünschenswert (Latour 1998: 189): Kettenrasseln mit anderen Worten. Im Hinblick auf die Latour'sche Dekonstruktion des kantianischen Freiheitskonzepts ist daher an die Ergebnisse des ersten Kapitels über »Maschinen« zurückzuverweisen: Anders als Latour denkt, geht es nicht darum, die Differenz zwischen mittuenden oder streikenden Menschen und funktionierenden oder defekten Apparaten aufzulösen, sondern darum, das enge Zusammenspiel und sogar die Verbindung von Mensch und Maschine zu verstehen *ohne kategoriale Differenzen aufzuheben*. Gerade die Upgradekultur fördert und fordert die alltägliche Durchdringung der Gesellschaft und des Körpers mit Technologie – aber sie ist eben genau *keine* »gesättigte« Determinierungs- und Maschinenkultur; vielmehr fordert sie Flexibilität, Wandelbarkeit, Dynamik, Veränderung, Erweiterung, Optimierung. Sie setzt Handlungsfreiheit voraus und adressiert die Subjekte in der Absicht, ihre Eigeninitiative für das Dispositiv der optimierenden Normalisierung zu gewinnen.

Aus der Perspektive von Jürgen Habermas kommt man auf eine ähnliche Einschätzung der Latour'schen Sozialtheorie. Denn insofern Latour die Gestaltung von Gesellschaft letztlich als eine »technische Aufgabe« versteht, will er sie »in derselben Weise unter Kontrolle bringen wie die Natur« (Habermas 1968: 96). Die spezifische Leistung des ANT-Technokratismus wäre es nach Habermas, »das Selbstverständnis der Gesellschaft vom Bezugssystem kommunikativen Handelns und von den Begriffen symbolisch vermittelter Interaktion abzuziehen und durch ein wissenschaftliches Modell zu ersetzen. In gleichem Maße tritt an die Stelle des kulturell bestimmten Selbstverhältnisses einer sozialen Lebenswelt die Selbstverdinglichung der Menschen unter Kategorien zweckrationalen Handelns und adaptiven Verhaltens.« (Habermas 1968: 81 f.) »Adaptives Verhalten« – *genau das* affirmiert und feiert ANT. Mit Habermas wie mit Foucault wäre an Latour also der Vorwurf zu richten, dass seine Theorie unter der Hand Freiheit negiert und die Menschen verdinglicht.

Auch konstituiert sich menschliche Subjektivität, anthropologisch gesehen, sowieso in Bezug auf Andere und Anderes und stellt damit einen letztlich niemals abgeschlossenen Verwandlungsprozess dar. Individuation ist notwendigerweise das Ergebnis einer »sozialen Geburtshilfe« (Popitz 2000: 36). Weder individuelle noch kollektive Subjekte sind jemals »vollsouverän«; selbst noch die politische Theologie Carl Schmitts bestimmt Souveränität relational, nämlich als Interaktionsverhältnis zum »Feind«. Insofern erzählt also Latour überhaupt nichts Neues, wenn er darauf hinweist, dass Menschen abhängige und mit Anderen und Anderem verbundene Wesen sind. Einer nivellierenden Perspektive, die Menschen und Maschinen epistemologisch in eine Fläche zwingt – sie »symmetrisiert« – bedarf es für diese Einsicht nicht nur nicht, sondern vielmehr ignoriert ANT die grundlegende Differenz im Weltbezug, die die humanen Akteure von Apparaten und auch von anderen lebenden Wesen kategorial unterscheidet.

Dies kann etwa der Rückgriff auf die Anthropologie und Sozialtheorie Helmuth Plessners sichtbar machen. Plessner geht es um »Positionalitäten«. In Latour'schen Kategorien ausgedrückt, geht es Plessner um das Verhältnis zwischen geschlossenen »Boxen« und ihrer Umwelt, wobei sich das System/Umwelt-Verhältnis als ein Verhältnis darstellt, das über die Beziehung des Systems/der Box zu seiner eigenen Grenze vermittelt ist. Dinge hören einfach auf, lebendige Organismen aber grenzen sich von ihrem Lebensmedium ab, um über diese Grenze hinweg ein jeweils spezifisches, aber auf jeden Fall durch den Organismus selbst motiviertes und gesteuertes Umweltverhältnis zu konstituieren. Dieses grenzvermittelte Umweltverhältnis lässt sich wiederum schematisieren. Pflanzen werden von Plessner als *offene Positionalitäten* beschrieben, weil »sie direkt mit den Wurzeln wie mit den Blättern in ihr Lebensmedium zur Entfaltung drängen« (Fischer 2014: 28). Tiere beschreibt er als *geschlossene Positionalitäten*, »weil sie in einer neuronalen Vermitteltheit eines sensomotorischen Gefüges in sich eingefaltet den Kontakt zum Lebensmedium bahnen« (Fischer 2014: 28). Menschen dagegen sind durch *exzentrische Positionalität* gekennzeichnet. Sie beziehen sich, wenn sie sich auf die Umwelt beziehen, zugleich reflexiv auf sich selbst, bzw. umgekehrt, um sich auf sich selbst beziehen zu können, müssen sie aus sich heraus treten. Mit dem Menschen ist »das lebendige Ding [...] jetzt wirklich hinter sich gekommen« (Plessner 1975: 291). Dieses lebendige Ding »Mensch«

> »bleibt zwar wesentlich im Hier-Jetzt gebunden, es erlebt auch ohne den Blick auf sich, hingenommen von den Objekten des Umfeldes und den Reaktionen des eigenen Seins, aber es vermag sich von sich zu distanzieren, zwischen sich und seine Erlebnisse eine Kluft zu setzen. Dann ist es diesseits und jenseits der Kluft, gebunden im Körper, gebunden in der Seele und zugleich nirgends, ortlos außer aller Bindung in Raum und Zeit.« (Plessner 1975: 291)

Exzentrische Positionalität heißt, dass der Mensch »sogar im Vollzug des Gedankens, des Gefühls, des Willens [...] außerhalb seiner selbst [steht]« (Plessner 1975: 298). Er wird von einer Mitwelt getragen, d. h. er ist auf ein gesellschaftliches Verhältnis zu anderen, ebenso verfassten Wesen angewiesen. Er bedarf künstlicher Hilfsmittel, um sein Verhältnis zur Natur mittels Technik zu organisieren und sein Verhältnis zu anderen mittels Normen. Diese technischen und normativen Hilfsmittel sind ihm nicht gegeben, sondern erfunden und daher kontingent und geschichtlich wandelbar. Auch sein Selbstverhältnis ist ihm nicht vorgegeben, sondern erweist sich als eines, dass er im Verhältnis zum Blick der Anderen erzeugen muss. Für den Menschen gibt es folglich keine natürliche Heimat, sondern nur eine »artifizielle Gesellschaft« – um eine Formulierung von Heinrich Popitz (1995) aufzugreifen.

Plessner und mit ihm die Philosophische Anthropologie denkt also Gesellschaft, Technik, Leiblichkeit und selbst andere Organismusformen mit (Lindemann 2008). Latours pauschaler Vorwurf, Sozialtheorie wäre auf »Sinn« und »Kommunikation« reduziert worden, ist also an dieser Stelle unangebracht. Denn die bei Plessner ins Spiel kommenden Natur-, Sozial- und Selbstverhältnisse beziehen sich wechselseitig aufeinander, weshalb auch aus dieser Perspektive ein ausschließlich auf intelligible Sinnkonstrukte bezogener Gesellschaftsbegriff zu reduktiv erscheint. Insbesondere Artifizialität und Leiblichkeit sind zu berücksichtigen. Im Unterschied zu Latour aber sind nach Plessner ebenfalls die besonderen Grenzverhältnisse jener »Wesen« zu bedenken, die für die Analyse der sozialen Verhältnisse relevant sein können. Wenn Maschinen, sofern sie Black Boxes sind, als

Entitäten funktionieren, wird ihre Grenzkonstitution bedeutsam. Diese etwa gewaltsam zu durchbrechen, zerstört ihre Funktion – das gilt schon für Kants Bratenwender –, wohingegen zum Beispiel beim Zerschlagen eines Steines lediglich mehrere Steine entstehen. Dass aber das mit der Metapher der Black Box angesprochene Grenzverhältnis der Maschinen, nicht dem lebendiger Dinge entspricht und erst recht nicht genügt, exzentrische Positionalität zu erfassen, ist ziemlich offensichtlich. Der Widerstand, den eine Maschine – und sei es eine so komplexe Hardware wie ein Computer – ihrer Rekonfiguration oder Zerstörung entgegensetzen kann, ist letztlich gering und im Falle der »Sachbeschädigung« vor allem normativ vermittelt. Aber allein der Versuch, einen anderen Menschen zu einer neuen Meinung zu bewegen – seine »Software« zu »rekonfigurieren« –, ist, obwohl dies nicht verboten ist, recht schwierig und häufig vergeblich.

Ich möchte hier nicht länger versuchen, den sozialtheoretischen Respekt vor dem Humanum einzuklagen; eine Theorie-Software, die davon nichts wissen will, wie ANT oder auch der informationstheoretische Kybernetismus, ist ohnehin rekonfigurationsresistent. Mir geht es einerseits um den Hinweis, dass das Mitdenken der Besonderheit des Menschen keineswegs impliziert, die Rolle von Technologien oder Leiblichkeit soziologisch oder sozialtheoretisch zu ignorieren. Andererseits aber geht es mir um eine sozialtheoretisch fundierte Stellungnahme zur Upgradekultur der Individualisierungsgesellschaft. Und diesbezüglich lassen sich bereits aus der knappen Darstellung von Zehs postkritischer Theorie, Latours ANT und Plessners Anthropologie Gewinne ziehen.

Juli Zeh weist vor allem auf soziale und politische Risiken hin, die sich durch die Upgradekultur ergeben können: In dem totalitären Gesundheitsregime der »Methode« ist nicht nur alles verboten, was dem körperlichen Optimum schadet, sondern dies erscheint den meisten Menschen, dank der Überzeugungskraft der Ideologie, auch völlig selbstverständlich. Der ethische Hintergrund von Zehs Kritik ist somit die Möglichkeit einer radikalen Einschränkung der humanen Selbstbestimmung. In ihrer Dystopie werden die Menschen von der »Methode« so abgerichtet, dass Funktionalität und Individualität fast schon zusammenfallen. Die Weltoffenheit des Individuums wird eingeschränkt und die exzentrische Positionalität des Menschen insgesamt beschädigt. Denn insofern die geschilderte Sozialordnung für sich beansprucht, allein vernunftgerecht und zudem wissenschaftlich fundiert zu sein, erscheint ein gesellschaftlicher Wandel, der Freiheitsoptionen wieder ins Spiel bringen würde, ausgeschlossen.

Wenngleich das in dem Science-Fiction-Roman von Zeh gezeichnete Regime der »Methode« letztendlich die Form eines dauerhaften Ausnahmezustands hat, so trifft ihre Kritik doch Tendenzen der Gegenwartsgesellschaft: Denn schon in der gegenwärtigen physischen Upgradekultur droht die Exklusion derer, die ein anderes Lebenskonzept verfolgen als das der ständigen Selbst- und Körperoptimierung. Auf so manchem Laufband wird auch die Angst vor dem Verlust körperlicher Attraktivität und Leistungsfähigkeit und damit sozialer Anerkennung mitlaufen. In Zehs Roman schaut die Gesundheitspolizei vorbei, wenn das Fitnessprogramm nicht abgespult wird. Heutzutage erzeugt der konkurrierende soziale Vergleich einen sanften, aber wirksamen Optimierungsdruck.

Aus Bruno Latours Theorie kann man dagegen umgekehrt den kritischen Hinweis herauslesen, dass die Ignoranz gegenüber technologischen Potentialen, die sich aus der »Diskriminierung der Maschinen« praktisch notwendig ergibt, der Erweiterung des menschlichen Weltzugangs ebenfalls Schaden zufügen kann. Technologische Potentiale nicht wahrzunehmen, kann auf der individuellen Ebene bedeuten, dass zum Beispiel Heilungschancen oder Möglichkeiten der Verbesserung der Lebensqualität vergeben oder vorenthalten werden. Auf der Gattungsebene kann eine solche Diskriminierung dazu führen, dass technologische Möglichkeiten, das Überleben der Menschheit zu sichern, nicht genutzt werden. Ein eindrucksvolles Beispiel hierfür wäre die Raumfahrt, weil sie eine Hochtechnologie darstellt, die es heute zwar nur einzelnen Menschen ermöglicht, den Planeten für eine kurze Zeit zu verlassen, die aber prinzipiell eine dauerhafte Verstreuung der Gattung im *outer space* denkbar macht und damit eine strukturelle Lösung für das Befristungsparadoxon der technischen Zivilisation darstellt. Dieses besagt, dass die Menschheit mit Beherrschung der Atomtechnologie prinzipiell in eine »Frist« gesellt ist (Anders 1972). Eine Verstreuung im Weltraum hebt aber nicht nur diese selbsterzeugte Frist auf, sondern auch die Möglichkeit im Falle einer kosmischen Katastrophe, Opfer der Bindung an den Planeten zu werden. Für $t \to \infty$ beträgt die Wahrscheinlichkeit dafür schlicht 1; was mit anderen Worten bedeutet, dass ein Verzicht auf die

Technologieentwicklung auf lange Sicht ebenfalls einer aktiven Selbstbefristung gleichkommt.[37]

Welche Risiken man aber auch im Einzelnen bedenken und diskutieren möchte, aus Plessner'scher Sicht gibt es in Bezug auf den hier diskutierten Kontext zwei Risikotypen, nämlich *erstens* Technologienutzungen und -entwicklungen, die die Weltoffenheit des Individuums und der Gattung bedrohen und *zweitens* eine strukturelle Behinderung des Fortschritts, die die technologischen Möglichkeiten zur Entfaltung des Einzelnen und der Gattung oder technologische Optionen zur Sicherung des Überlebens der Menschheit abweist. In beiden Fällen wird das Charakteristikum des Humanum – die exzentrische Positionalität und spezifische Weltoffenheit – eingeschränkt. Juli Zehs Warnung steht dabei für den ersten Fall, Latours Maschinenphilosophie verweist auf den zweiten.

Das Interessante an diesen sich aus der sozialtheoretischen Revue ergebenen normativen Forderungen ist, dass sie keine prinzipielle Positionierung zulassen. Es ist genauso falsch, Technologieentwicklung und -anwendung prinzipiell zu befürworten, wie das Gegenteil. Im ersten Falle widerspricht die Schlussfolgerung dem Hinweis auf technologische Einschränkungspotentiale der Weltoffenheit, z. B. durch genetische Manipulation.[38] Im Falle der gegenteiligen Schlussfolgerung, wird ein fundamentales Mittel menschlicher Weltoffenheit, nämlich eben die Entwicklung von Technologien, ausgeschlossen. Es lassen sich also aus der hier vorgenommenen sozialtheoretischen Reflektion auch keine Argumente gewinnen, die schlicht entweder »für« oder »gegen« das technische Upgrade des Körpers sprechen. Mit Plessners Sozialtheorie lässt sich also nur eine regulative Idee formulieren, nämlich die der Erhaltung und Förderung menschlicher Weltoffenheit und exzentrischer Positionalität.

Daher ist vor dem Hintergrund der Erhaltung und Förderung eines offenen Weltverhältnisses des Menschen sowohl als Gattungswesen wie als Individuum sowie der kollektiven Regelung dieser Erhaltung und Förderung jeweils zu fragen, ob *gravierende Einschränkungen* bzw. eine *dem Stand*

37 Eine solche Naturkatastrophe kann zum Beispiel ein größerer Meteoriteneinschlag sein oder ein Gammablitz in kosmischer Nachbarschaft. In ferner Zukunft wird zudem die Sonne so groß werden, dass sie die Erde zuerst verbrennt und dann verschluckt. Siehe auch Kapitel 7.

38 Siehe Kapitel 3.

der gesellschaftlichen Möglichkeiten genügende Förderung der Weltoffenheit und der Selbstbestimmung vorliegt. Bezüglich der technologischen Dimension der Upgradekultur kann eine solche Prüfung nicht am grünen Tisch der Theorie erfolgen, sondern sie scheint am ehesten möglich, wenn man auf die Erfahrungen rekurriert, die Menschen mit Enhancement-Technologien machen. Denn dann wird sichtbar, welche Einschränkungen oder Entfaltungspotentiale tatsächlich vorliegen.

Die Imperative einer zum Teil hysterisch gewordenen Optimierungskultur können dabei nicht für bare Münze genommen werden, weil, wie ja bereits des Öfteren sichtbar werden musste, diese Kultur strukturell dazu tendiert, unpassende oder störende Erfahrungen zu negieren und auf dem Altar einer reibungslos funktionieren kybernetischen Gesellschaft zu opfern. Allerdings schließt es diese Kultur auch nicht aus, dass mit dem Upgrading positiv empfundene Erweiterungen des eigenen Selbst- und Weltverhältnisses verbunden werden können. Man muss sich also vor dem vielleicht zu naheliegenden Schluss hüten, ausweisbare Kritik an der Optimierungs- und Funktionalisierungskultur, in eine pauschale Verurteilung der Cyborgisierung – und zwar einschließlich einer solchen, die *nicht* medizinisch induziert ist – münden zu lassen und etwa mit einer »leib-ökologischen« Verbotsmentalität in das Selbst- und Weltverhältnis der Individuen hinein zu regieren.

Neil Harbisson, dessen *Eyeborg* bereits diskutiert wurde[39], gibt ein gutes Beispiel für die Erfahrung eines technologischen Körperupgrades, die als Erweiterung menschlichen Weltbezugs und individueller Lebensrealisierung gelten muss. Harbisson sieht sich selbst als »Cyborg« und beschreibt die ursprünglich als Prothese gedachten Möglichkeiten des *Eyeborg* nicht nur als Verbesserung seiner Lebensqualität, sondern als Verbesserung menschlicher Sinneswahrnehmung überhaupt.

Anders konnotiert sind die Erfahrungen, die die Medienwissenschaftlerin Vivian Sobchack notiert hat. Sobchack nutzt eine »intelligente« Beinprothese, aber sie sieht sich nicht als »Cyborg«, sondern kritisiert vielmehr einen in den *technology studies* verbreiteten Technikanimismus und -fetischismus. Die metaphorische Wolke, die Begriffe wie »Cyborg« und »Prothese« umgebe, lasse die konkreten Menschen, die die Prothesen tragen,

39 Siehe Kapitel 5.

verschwinden und statte statt dessen die Ersatzglieder mit *agency* und Willen aus:

»According to this seductive (and culturally recurrent) fantasy of the uncanny and willful life of limbs and objects, not only can my prosthetic leg go dancing without me, but it also can ›will‹ me to join it in what, in effect, is a nightmarish danse macabre.« (Sobchack 2004: 212)

Sobchack ist keine Anti-Technologin. Sie strebt keine »Reinigung« der Gesellschaftstheorie von den Maschinen an, wie es Latour der Moderne vorwirft (Latour 1998). Aber sie fordert ein, dass die Erfahrungen und Gefühle der Prothesennutzerinnen und -nutzer und die Reaktionen ihrer sozialen Umgebungen in den Mittelpunkt der kultur- und technikwissenschaftlichen Analyse zu stellen sind. Ihr selbst zum Beispiel geht es nicht um ein posthumanes Enhancement, sondern schlicht und einfach um »a leg to stand on« (kein »Fetischismus«). Eine gute Prothese sei zudem eine, die im Alltag verschwindet, nicht eine, die wie der »Schwarze Handschuh« in der *Perry Rhodan*-Serie[40] oder die »Black Boxes« bei Bruno Latour die Menschen regieren und die Kontrolle übernehmen (kein »Animismus«). Auch wenn kritisch konstatiert werden muss, dass individuelle Erfahrungen immer diskurs- und kulturvermittelt sind, weil Erfahrungen, wenn sie mitgeteilt werden, selbst Diskurs werden (Kienitz 2010: 139; vgl. Spreen 2008: 30-75), so berührt Sobchack einen ganz wichtigen Punkt: Erfahrungen können kulturellen Wert- und Diskursvorgaben widersprechen. Sie können nicht einfach als »diskursive Konstrukte« begriffen werden, sondern sind vielmehr als potentielle Diskursinnovatoren aufzufassen, die im gesellschaftlichen Rahmen zu Diskursverschiebungen oder neuen Problematisierungen führen können. Gerade aber die Diskurse der Upgradekultur und die kybernetischen Steuerungsmodelle zeigen deutliche Neigungen, Erfahrungen zu negieren, wenn sie Marktinteressen nicht entsprechen[41] oder als »Störung« erscheinen.

---

40 Siehe Kapitel 3.

41 Zum Beispiel sind die aktuell entwickelten »smarten« Apps für das »Internet der Dinge« in der Regel nicht barrierefrei, weil der Absatzmarkt zu klein erscheint (Schmieder 2015).

Die Upgradekultur und ihre F&E-Abteilung tun so, als ob es für »störende« Erfahrungen eine technische Lösung gäbe, nämlich den Neurochip, der die Prothese – scheinbar ganz im Sinne Sobchacks – aus der Erfahrung verschwinden lasse. Aber Sobchacks Argument reicht weiter. Sie klagt einen grundsätzlichen Respekt vor Erfahrungen ein – vor Erfahrungen, die aus einem menschlichen Umweltverhältnis stammen, das nah- und binnenleibliche Technologie integriert. Diese Erfahrungen gehen auch nicht einfach in kollektiven und kulturellen Diskursvorgaben oder in den Werbeversprechen der Ingenieure, die diese Diskurse widerspiegeln, auf, sondern sind lediglich mit ihnen vermittelt. Worauf sie damit besteht, ist ein kulturwissenschaftlicher Blick, der die Perspektive der technisch-kybernetischen Herrschaftslogik nicht affirmiert. Im Kontext einer Theoriebildung, die entweder das technisch-mediale Apriori als Paradigma anerkennt, wie zum Beispiel ein Teil der Medienwissenschaften, oder die einer an Latour anschließenden »Erneuerung« der Sozialwissenschaften das Wort redet, kann von einer solchen nicht-affirmativen Perspektive allerdings kaum die Rede sein.[42]

Sobchacks Aufforderung, Erfahrungen zu berücksichtigen, sekundiert die hier diskutierte Problematik einer sozialtheoretischen Stellungnahme. Denn wie der Rekurs auf Plessner und die Philosophische Anthropologie zeigen konnte, lässt sich keine theoretische ableitbare Bewertung zur Cyborgisierung abgeben, sondern vielmehr ist zu untersuchen, ob und inwiefern Einschränkungen menschlicher Weltoffenheit und exzentrischer Positionalität vorliegen. Dabei rücken einerseits die durchaus ambivalenten leiblichen Erfahrungen der menschlichen Cyborgs und andererseits der kulturelle und diskursive Rahmen der neuen Körpertechnologien in den Fokus. Zwischen diesen beiden Registern, die zwar eng miteinander verwoben und machtdurchzogen sind, tun sich Widersprüche, Friktionen und Ambivalenzen auf.

Daher wurde in diesem Buch immer Wert darauf gelegt, die kategorialen Differenzen zwischen leiblichem Organismus und technischer Erweiterung, sinnhaftem Handeln und funktionaler »agency«, subjektiver Erfahrung und Upgrade-Diskurs *nicht* einzuziehen. Die Google-Brille macht ihre Träger nicht zu Zombies, sondern fordert Medienkompetenz. Mensch-

42 Zur Kritik des »technisch-medialen Apriori« vgl. meine Dissertationsschrift (Spreen 1998) oder auch Spreen 1995.

liche Cyborgs sind nicht bloße Anhängsel ihrer Implantate und Upgrades, vielmehr ist die Integration von Technologie in den Leib Ausdruck spezifisch humaner Positionalität. Technoide Machtstrukturen heben Entscheidungs- und Handlungsfreiheit humaner Akteure, und seien sie auch Cyborgs, nicht auf. Die Vision eines technisierten Disziplinarleibes, die sich am Horizont von ANT abzeichnet, verweist dagegen auf einen Moralismus, der dem von der Individualisierungsgesellschaft ins Spiel gebrachten Eigensinn der Subjekte misstrauisch gegenüber steht. Denn bei aller Normalisierung, Optimierung, Aktivierung, Diskursivierung und Kontrolle muss doch letztlich auf die Individuen, ihre Erfahrungsverarbeitung und ihre Selbstkonzepte vertraut werden. Dem Paradox einer Machtform, die auf das Mittun der Beherrschten angewiesen und damit dem Risiko von »Störungen« ausgesetzt ist, entkommt auch die Steuerung qua Selbstführung nicht (Lessenich 2009: 175 f.). Mit der damit sich eröffnenden Freiheit kann sich nicht jeder anfreunden. Latour zum Beispiel kann es nicht.[43]

Jemand hat einen Unfall, der Unterarm ist weg. Die Medizin appliziert einen neuen. Die Neurochip-Schnittstelle funktioniert bestens und der neue Cyborg kann mit seinem Arm zusätzliche Wahrnehmungen verarbeiten und Handlungsoptionen erschließen (zum Beispiel eine kochende Suppe mit dem Finger umrühren). Die leiblichen Fähigkeiten wurden nicht nur wiederhergestellt, sondern sogar verbessert. Das hat Vorteile, die auch so manchen »Gesunden« auf den Gedanken bringen, die natürliche Organausstattung durch Cyborg-Applikationen upzugraden. Die Arbeitgeber mögen das, weil Technik nicht ermüdet. Medizin- und Computerindustrie mögen das, weil es einen neuen hochwertigen Markt produziert, der eine unbegrenzte Nachfrage erwarten lässt. Die Politik und die Sozialverwaltungen mögen das, weil es eine bequeme technische Lösung für die Inklusionsproblematik

---

43 Vor diesem Hintergrund erscheint es vielmehr sinnvoll, Cyborgerfahrungen in Anlehnung an Beck und Giddens als Ausdruck einer »reflexiven Moderne« zu verstehen – also einer Moderne, in der die Wechselwirkungen zwischen Natur, Leben, Gesellschaft und Technik problematisiert werden können – und nicht den Funktionsimperativen der kybernetischen Gesellschaft aufzusitzen. Mit der Verleiblichung von Technologie werden solche Wechselwirkungen vielmehr systematisch thematisch, so dass reflexive und problematisierende Cyborgdiskurse wirkmächtig werden können (Spreen 2014a: insbes. 73 ff.). Zur theoretischen Einordnung dieses Ansatzes vgl. Heilinger/Oliver 2007.

bereitstellt. Manche Sozialtheoretiker mögen das, weil die mechanisierten Menschen so schön normkonform funktionieren. Alles scheint wie geschmiert zu laufen. – Aber anders als vorgesehen hat unser Cyborg Phantomschmerzen; er spürt einen »zweiten« Arm, der nicht mehr da ist. Er ist irritiert und fühlt sich nicht als Übermensch, sondern als Mängelwesen. Seine Erfahrungen passen nicht in den Diskurs. Er bekommt Depressionen. Vielleicht ist er auch Kriegsveteran, Opfer einer Sprengbombe und leidet an einer posttraumatischen Belastungsstörung, die nicht vergehen will? Die soziale Umgebung signalisiert »Unverständnis«. Am Arbeitsplatz wird er zum »Problem«. Nachdem er die Arbeit verloren hat, wird er für die Gesellschaft zum »Fall«. Nach kurzer Zeit ist er nicht mehr Subjekt seines Lebens, sondern Objekt gesellschaftlicher Almosen und eines bemerkenswert paradoxen »sozialen« Repressions- und Aktivierungsprogramms: Er wird »Kunde« eines »Jobcenters«, das danach trachtet, ihn der Verfügung über sein Leben und seine verbliebenen Ressourcen zu berauben, um ihn dadurch wieder in die Gesellschaft »einzugliedern«.

Was sich hier zeigt, ist die Perspektive einer Gesellschaft, in der nur noch das Funktionieren zählt und die lediglich kybernetisches System ist. Es ist nicht Aufgabe einer kritischen Sozialtheorie, eine solche Sicht zu teilen. Vielmehr muss die selbstbestimmte Realisierung des Lebensentwurfs eines jeden Menschen im Mittelpunkt stehen und das heißt, dass die Erfahrungen und Wünsche der empirischen Subjekte in der Sozialtheorie einen zentralen Ort finden müssen und nicht ausschließlich als Anhängsel oder Konstrukte »der Diskurse«, »der Medien«, »der Dinge«, »des Marktes« oder »der Macht« konzipiert werden dürfen. Eingefordert wird damit ein *Perspektivenwechsel*, der sich aus der ideologischen Klammer der Informatik der Herrschaft und des Kybernetismus befreit: Sichtweisen auf Kultur und Gesellschaft, die die möglichst störungsfreie Einpassung der leiblichen Menschen in das Gesellschaftssystem affirmieren, sind durch eine Perspektive zu ersetzen, die die Möglichkeiten der Upgradekultur durch die Brille der gesellschaftlich vermittelten individuellen Erfahrungen wahrnimmt und Möglichkeiten zur eigenständigen Biographiegestaltung in der modernen und technologischen Gesellschaft freilegt, anstatt Zumutungen zu reproduzieren, die auf die Verdinglichung des Menschen unter Kategorien des adaptiven Verhaltens abzielen.

Literatur

Agamben, Giorgio (2002): *Homo sacer. Die souveräne Macht und das nackte Leben.* Frankfurt am Main: Suhrkamp.

Anders, Günther (1972): *Endzeit und Zeitenende. Gedanken über die atomare Situation.* München: Beck.

Angerer, Marie-Louise (2002): »Antihumanistisch, posthuman. Zur Inszenierung des Menschen zwischen dem ›Spiel der Strukturen‹ und der ›Limitation der Körper‹.« In: Marie-Louise Angerer, Kathrin Peters, Zoë Sofoulis (Hg.): *Future Bodies. Zur Visualisierung von Körpern in Science und Fiction.* Wien: Springer, S. 223-250.

Apelt, Maja (2012): »Das Gewaltdilemma moderner Streitkräfte.« In: Dierk Spreen, Trutz von Trotha (Hg.): *Krieg und Zivilgesellschaft.* Berlin: Duncker & Humblot, S. 219-237.

Arquilla, John / Ronfeldt, David (Hg.) (2001): *Networks and Netwars. The Future of Terror, Crime, and Militancy.* Santa Monica: RAND.

Baacke, Dieter (1996): »Medienkompetenz als Netzwerk. Reichweite und Fokussierung eines Begriffs, der Konjunktur hat.« In: *medien praktisch*, Heft 2, S. 4-10.

Balsamo, Anne (1996): *Technologies of the Gendered Body. Reading Cyborg Women.* Durham: Duke University Press.

Balsamo, Anne (2007): »Auf Messers Schneide: Kosmetische Chirurgie und die technologische Reproduktion des geschlechtlich bestimmten Körpers.« In: Karin Bruns, Ramón Reichert (Hg.): *Neue Medien. Texte zur digitalen Kultur und Kommunikation.* Bielefeld: transcript, S. 279-292.

Barbrook, Richard (2007/1996): »Der heilige Cyborg.« In: Karin Bruns, Ramón Reichert (Hg.): *Reader Neue Medien. Texte zur digitalen Kultur und Kommunikation.* Bielefeld: transcript, S. 483-491.

Barbrook, Richard / Cameron, Andy (1996): »Die kalifornische Ideologie. Über den Mythos der virtuellen Klasse.« In: *Telepolis*, Heft 0, S. 51-72.

Baudrillard, Jean (1986): *Subjekt und Objekt: fraktal.* Bern: Benteli.

Beck, Ulrich (1986): *Risikogesellschaft. Auf dem Weg in eine andere Moderne.* Frankfurt am Main: Suhrkamp.

Beck, Ulrich (2007): *Weltrisikogesellschaft. Auf der Suche nach der verlorenen Sicherheit.* Frankfurt am Main: Suhrkamp.

Becker, Barbara (2000): »Cyborgs, Robots und ›Transhumanisten‹. Anmerkungen über die Widerständigkeit eigener und fremder Materialität.« In: Barbara Becker, Irmela Schneider (Hg.): *Was vom Körper übrig bleibt. Körperlichkeit, Identität, Medien.* Frankfurt am Main: Campus, S. 41-69.

Benjamin, Walter (1963): *Das Kunstwerk im Zeitalter seiner technischen Reproduzierbarkeit. Drei Studien zur Kunstsoziologie.* Frankfurt am Main: Suhrkamp.

Bergande, Wolfram (2012): »Der Exot der Immanenzebene. Eine Kritik der Akteur-Netzwerk-Theorie als Ideologie.« In: Klaus Bernsau, Thomas Friedrich, Klaus Schwarzfischer (Hg.): *Management als Design? Design als Management? Intra-, inter- und trans-disziplinäre Perspektiven auf die Gestaltung von ökonomischer, ästhetischer und moralischer Lebenswelt.* Regensburg: InCodes, S. 195-212.

Bernal, John Desmond (1970/1929): *The World, the Flesh & the Devil. An Enquiry into the Future of the Three Enemies of the Rational Soul.* London: Jonathan Cape.

Biddle, Stephen (2004): *Military Power. Explaining Victory and Defeat in Modern Battle.* Princeton: Princeton University Press.

Böhme, Gernot (1992): *Natürlich Natur. Über Natur im Zeitalter ihrer technischen Reproduzierbarkeit.* Frankfurt am Main: Suhrkamp.

Bohrmann, Thomas (2002): »Ethik der Produktion und des Inhalts.« In: Thomas Hausmanninger, Thomas Bohrmann (Hg.): *Mediale Gewalt. Interdisziplinäre und ethische Perspektiven.* München: UTB, S. 314-334.

Bothe, Hans-Werner / Engel, Michael (1993): *Die Evolution entlässt den Geist des Menschen. Neurobionik – Eine medizinische Disziplin im Werden.* Frankfurt am Main: Umschau.

Bröckling, Ulrich (2007): *Das unternehmerische Selbst. Soziologie einer Subjektivierungsform.* Frankfurt am Main: Suhrkamp.

Bublitz, Hannelore (2005): *In der Zerstreuung organisiert. Paradoxien und Phantasmen der Massenkultur.* Bielefeld: transcript.

Bublitz, Hannelore (2010): *Im Beichtstuhl der Medien. Die Produktion des Selbst im öffentlichen Bekenntnis.* Bielefeld: transcript.

Bublitz, Hannelore (2011): »Das Maß aller Dinge. Die Hinfälligkeit des (Geschlechts-)Körpers.« In: Birgit Riegraf, Dierk Spreen, Sabine Mehlmann (Hg.): *Medien – Körper – Geschlecht. Diskursivierungen von Materialität. Festschrift für Hannelore Bublitz.* Bielefeld: transcript, S. 19-37.

Burkhard, Hans-Dieter (2012): »Lasst die Maschinen machen. Wie intelligent ist Künstliche Intelligenz?« In: Hans-Arthur Marsiske (Hg.): *Kriegsmaschinen. Roboter im Militäreinsatz.* Hannover: Heise, S. 147-173.

Ciolkovskij, Konstantin E. (1977/1896): *Außerhalb der Erde.* Deutsche Erstveröffentlichung. München: Heyne.

Clark, Andy (2003): *Natural-Born Cyborgs: Minds, Technologies, and the Future of Human Intelligence.* New York: Oxford University Press.

Clynes, Manfred E. / Kline, Nathan S. (2007/1960): »Der Cyborg und der Weltraum.« In: Karin Bruns, Ramón Reichert (Hg.): *Reader Neue Medien. Texte zur digitalen Kultur und Kommunikation.* Bielefeld: transcript, S. 467-475.

Dempewolff, Richard (1975): »Cities in the sky.« In: *Popular Mechanics*, Heft 143, S. 94-97 und 205.

Descartes, René (1960/1637): *Von der Methode des richtigen Vernunftgebrauchs und der wissenschaftlichen Forschung.* Übersetzt von Lüder Gäbe. Hamburg: Felix Meiner.

Descartes, René (1993/1641): *Meditationen über die Grundlagen der Philosophie.* Neu herausgegeben von Lüder Gäbe. Hamburg: Felix Meiner.

Dittmer, Cordula (2014): »Genderdimensionen des Waffengebrauchs.« In: *Aus Politik und Zeitgeschichte*, Heft 35-37, S. 34-39.

Dörfler-Dierken, Angelika (2014): »Drohnen vor dem Gewissen.« In: Uwe Hartmann, Claus von Rosen (Hg.): *Jahrbuch Innere Führung 2014.*

Drohnen, Roboter und Cyborgs – Der Soldat im Angesicht neuer Militärtechnologien. Berlin: Miles-Verlag, S. 151-165.

Dörre, Klaus (2009): »Die neue Landnahme. Dynamiken und Grenzen des Finanzmarktkapitalismus.« In: Klaus Dörre, Stephan Lessenich, Hartmut Rosa: *Soziologie – Kapitalismus – Kritik. Eine Debatte.* Frankfurt am Main: Suhrkamp, S. 21-86.

Dreßen, Wolfgang (1982): *Die pädagogische Maschine. Zur Geschichte des industrialisierten Bewusstseins in Preußen/Deutschland.* Frankfurt am Main: Ullstein.

Durkheim, Emile (1980): *Die Regeln der soziologischen Methode.* Hrsg. und eingeleitet von René König. Frankfurt am Main: Suhrkamp.

Eilers, Miriam (2012): »›Fünfundzwanzigstündiger Arbeitstag – denn 'ne Prothese wird nie müde.‹ Normative und selektive Implikationen der Prothetik nach dem Ersten Weltkrieg.« In: Miriam Eilers (Hg): *Verbesserte Körper – gutes Leben? Bioethik, Enhancement und die Disability Studies.* Frankfurt am Main 2012: Peter Lang, S. 165-180.

Festo (2012): *ExoHand. Mensch-Maschine-Kooperation.* Esslingen, http://www.festo.com/cms/de_corp/12713_12721.htm

Fiedeler, Ulrich (2008): *Stand der Technik neuronaler Implantate.* FZKA 7387. Karlsruhe: Forschungszentrum Karlsruhe GmbH.

Fischer, Joachim (2002): »Androiden – Menschen – Primaten. Philosophische Anthropologie als Platzhalterin des Humanismus.« In: Richard Faber, Enno Rudolph (Hg.): *Humanismus in Geschichte und Gegenwart.* Tübingen: Mohr Siebeck, S. 229-239.

Fischer, Joachim (2014): »Exzentrische Positionalität im Kosmos. Weltraumfahrt im Blick der modernen Philosophischen Anthropologie.« In: Joachim Fischer, Dierk Spreen: *Soziologie der Weltraumfahrt.* Bielefeld 2014: transcript, S. 21-40.

Fischer, Joachim / Spreen, Dierk (2014): *Soziologie der Weltraumfahrt.* Bielefeld: transcript.

Flessner, Bernd (1997): »Die Herrschaft der Prothesen.« In: *Kursbuch*, Heft 128, S. 35-44.

Foucault, Michel (1976): *Überwachen und Strafen. Die Geburt des Gefängnisses.* Frankfurt am Main: Suhrkamp.

Foucault, Michel (1992): *Was ist Kritik?* Berlin: Merve.

Foucault, Michel (1987): »Das Subjekt und die Macht.« In: Hubert L. Dreyfus, Paul Rabinow: *Jenseits von Strukturalismus und Hermeneutik.* Weinheim: Beltz, S. 241-261.

Franke, Jürgen (2012): *Wie integriert ist die Bundeswehr? Eine Untersuchung zur Integrationssituation der Bundeswehr als Verteidigungs- und Einsatzarmee.* Baden-Baden: Nomos.

Freyer, Hans (1936): *Die politische Insel. Eine Geschichte der Utopien von Platon bis zur Gegenwart.* Leipzig: Bibliographisches Institut.

Friedrich, Ernst (1924): *Krieg dem Kriege!* Berlin: Freie Jugend.

Fries, Helmut (1997): »Vorbild oder Spiegelbild? Kriegsbeschädigtenfürsorge in Deutschland 1914-1919.« In: Wolfgang Michalka (Hg.): *Der Erste Weltkrieg. Wirkung, Wahrnehmung, Analyse.* Weyarn: Seehamer, S. 563-580.

Galison, Peter (2001): »Die Ontologie des Feindes. Norbert Wiener und die Vision der Kybernetik.« In: Soraya de Chadarevian, Michael Hagner (Hg.): *Ansichten der Wissenschaftsgeschichte.* Frankfurt am Main: Fischer, S. 433-488.

Gehlen, Arnold (1955): »Die Sozialstrukturen primitiver Gesellschaften.« In: Arnold Gehlen, Helmut Schelsky (Hg.): *Soziologie. Ein Lehr- und Handbuch zur modernen Gesellschaftskunde.* 2. Auflage. Düsseldorf: Eugen Diederich, S. 11-43.

Gehlen, Arnold (1961): *Anthropologische Forschung. Zur Selbstbegegnung und Selbstentdeckung des Menschen.* Reinbek: Rowohlt.

Gendolla, Peter (1982): »Die Spur der inneren Maschine. Über mögliche Zusammenhänge von Technologie, Literatur und Sexualität.« In: Jeschke, Wolfgang (Hg.): *Heyne Science fiction Magazin 5*, München: Heyne, S.161-177.

Gibson, William (1996): *Die Neuromancer-Triologie.* Deutsch von Reinhard Heinz und Peter Robert. Hamburg: Roger & Bernhard.

Giddens, Anthony (1996): *Konsequenzen der Moderne.* Frankfurt am Main: Suhrkamp.

Gray, Chris Hables (1997): *Postmodern War. The New Politics of Conflict.* London: Guilford Press.

Gray, Chris Hables (2002): *Cyborg Citizen. Politik in posthumanen Gesellschaften.* Wien: Turia + Kant.

Gray, Chris Hables / Mentor, Steven / Figueroa-Sarriera, Heidi J. (1995): »Cyborgology. Constructing the Knowledge of Cybernetic Organisms.«

In: Chris Hables Gray (Hg.): *The Cyborg Handbook.* London: Routledge, S. 1-14.

Habermas, Jürgen (1968): *Technik und Wissenschaft als ›Ideologie‹.* Frankfurt am Main: Suhrkamp.

Habermas, Jürgen (1971): »Vorbereitende Bemerkungen zu einer Theorie der kommunikativen Kompetenz.« In: Jürgen Habermas, Niklas Luhmann (Hg.): *Theorie der Gesellschaft oder Sozialtechnologie. Was leistet die Systemforschung?* Frankfurt am Main: Suhrkamp, S. 101-141.

Haraway, Donna (1995a): *Die Neuerfindung der Natur. Primaten, Cyborgs und Frauen.* Frankfurt am Main: Campus.

Haraway, Donna (1995b): *Monströse Versprechen. Coyote-Geschichten zu Feminismus und Technowissenschaft.* Hamburg/Berlin: Argument.

Harrasser, Karin (2013): *Körper 2.0. Über die technische Erweiterbarkeit des Menschen.* Bielefeld: transcript.

Hausmanninger, Thomas (2002a): »Vom individuellen Vergnügen und lebensweltlichen Zweck der Nutzung gewalthaltiger Filme.« In: Thomas Hausmanninger, Thomas Bohrmann (Hg.): *Mediale Gewalt. Interdisziplinäre und ethische Perspektiven.* München: UTB, S. 231-259

Hausmanninger, Thomas (2002b): »Ansatz, Struktur und Grundnormen der Medienethik.« In: Thomas Hausmanninger, Thomas Bohrmann (Hg.): *Mediale Gewalt. Interdisziplinäre und ethische Perspektiven.* München: UTB, S. 287-314.

Heckmann, Herbert (1982): *Die andere Schöpfung. Geschichte der frühen Automaten in Wirklichkeit und Dichtung.* Frankfurt am Main: Umschau.

Heidegger, Martin (1993): *Sein und Zeit.* 17. Auflage. Tübingen: Niemeyer.

Heilinger, Jan-Christoph / Müller, Oliver (2007): »Der Cyborg und die Frage nach dem Menschen. Kritische Überlegungen zum ›homo arte emendatus et correctus‹.« In: Ludger Honnefelder, Dieter Sturma (Hg.): *Jahrbuch für Wissenschaft und Ethik.* Band 12. Berlin: de Gruyter, S. 21-44.

Heppenheimer, Thomas A. (1977): *Colonies in Space.* Harrisburg: Stackpole Books.

Hitzler, Ronald (2008): »Brutstätten posttraditionaler Vergemeinschaftung. Über Jugendszenen.« In: Ronald Hitzler, Anne Honer, Michaela Pfadenhauer (Hg.): *Posttraditionale Gemeinschaften. Theoretische und ethnografische Erkundungen.* Wiesbaden: VS, S. 55-72.

Hradil, Stefan (2001): *Soziale Ungleichheit in Deutschland.* 8. Auflage. Wiesbaden: VS.

Hroß, Gerhard (2002): »Die Funktion von Gewalt im Film.« In: Thomas Hausmanninger, Thomas Bohrmann (Hg.): *Mediale Gewalt. Interdisziplinäre und ethische Perspektiven.* München: UTB, S. 136-145.

Hüppauf, Bernd (1996): »Schlachtenmythen und die Konstruktion der ›Neuen Menschen‹.« In: Gerhard Hirschfeld, Gerd Krumeich, Irina Renz (Hg.): *»Keiner fühlt sich hier mehr als Mensch...« Erlebnis und Wirkung des Ersten Weltkriegs.* Frankfurt am Main: Fischer, S. 53-103.

Hüppauf, Bernd (2013): *Was ist Krieg? Zur Grundlegung einer Kulturgeschichte des Kriegs.* Bielefeld: transcript.

Hurka, Herbert M. (2004): *Filmdämonen. Nosferatu, das Alien, der Terminator und die anderen.* Marburg: Tectum.

Jahn, Friedrich Ludwig (1810): *Deutsches Volksthum.* Lübeck: Niemann und Comp.

Jarvis, Christina (2007): »Kampfbereite Männerkörper und der Weg in den Zweiten Weltkrieg.« In: Jürgen Martschukat (Hg.): *Väter, Soldaten, Liebhaber. Männer und Männlichkeiten in der Geschichte Nordamerikas.* Bielefeld: transcript, S. 243-276.

Joas, Hans / Knöbl, Wolfgang (2004): *Sozialtheorie. Zwanzig einführende Vorlesungen.* Frankfurt am Main: Suhrkamp.

Jünger, Ernst (1921): »Die Technik in der Zukunftsschlacht.« In: *Militär-Wochenblatt*, Heft 14, S. 2 f.

Jünger, Ernst (1982/1932): *Der Arbeiter. Herrschaft und Gestalt.* Stuttgart: Klett-Cotta.

Jünger, Ernst (1983/1964): *Maxima – Minima. Adnoten zum »Arbeiter«.* Stuttgart: Klett-Cotta.

Kant, Immanuel (1956). *Kritik der praktischen Vernunft. Grundlegung zur Metaphysik der Sitten.* Werkausgabe. Band 7. Herausgegeben von Wilhelm Weischedel. Wiesbaden: Insel.

Kant, Immanuel (1960): *Vorkritische Schriften bis 1768/1.* Werkausgabe. Band 1. Herausgegeben von Wilhelm Weischedel. Wiesbaden: Insel.

Kay, Lilly E. (2001): *Das Buch des Lebens. Wer schrieb den genetischen Code?* München: Hanser.

Kienitz, Sabine (2001): »›Fleischgewordenes Elend‹. Kriegsinvalidität und Körperbilder als Teil einer Erfahrungsgeschichte des Ersten Weltkrieges. In: Nikolaus Buschmann, Horst Carl (Hg.): *Die Erfahrung des*

Krieges. Erfahrungsgeschichtliche Perspektiven von der Französischen Revolution bis zum Zweiten Weltkrieg. Paderborn: Schöningh, S. 215-237.

Kienitz, Sabine (2008): *Beschädigte Helden. Kriegsinvalidität und Körperbilder 1914–1923*. Paderborn: Schöningh.

Kienitz, Sabine (2010): »Prothesen-Körper. Anmerkungen zu einer kulturwissenschaftlichen Technikforschung.« In: *Zeitschrift für Volkskunde*, Jg. 106, Bd. 2, S. 137-162.

Kocyba, Hermann (2004): »Aktivierung.« In: Ulrich Bröckling, Susanne Krasmann, Thomas Lemke (Hg.): *Glossar der Gegenwart*. Frankfurt am Main: Suhrkamp, S. 17-21.

Kron, Thomas (2006): »Individualisierung – von der Entbettung und Entfremdung über die riskante Autonomie zur ›Schaumgeborgenheit‹.« In: Bernd Dollinger (Hg.): *Individualität als Risiko? Soziale Pädagogik als Modernisierungsmanagement*. Berlin: Lit, S. 97-123.

Krumeich, Gerd (1990): »Verstümmelungen und Kunstglieder. Formen körperlicher Verheerungen im 1. Weltkrieg.« In: *Sozialwissenschaftliche Informationen*, Heft 2, S. 97-102.

Kruse, Volker (2012): »Mobilisierung und kriegsgesellschaftliches Dilemma. Beobachtungen zur kriegsgesellschaftlichen Moderne.« In: Dierk Spreen, Trutz von Trotha (Hg.): *Krieg und Zivilgesellschaft*. Berlin: Duncker & Humblot, S. 261-292.

Kümmel, Gerhard (2012): »Tod, wo ist dein Stachel? Die Deutschen, die Bundeswehr und militärische Einsätze in post-heroischen Zeiten.« In: Dierk Spreen, Trutz von Trotha (Hg.): *Krieg und Zivilgesellschaft*. Berlin: Duncker & Humblot, S. 189-217.

Lacan, Jacques (1996): »Das Spiegelstadium als Bildner der Ichfunktion, wie sie uns in der psychoanalytischen Erfahrung erscheint.« In: Jacques Lacan: *Schriften I*. 4. Auflage. Weinheim, S. 61-70.

La Mettrie, Julien Offray de (1988/1747): *Der Mensch als Maschine*. Mit einem Essay von Bernd A. Laska. 2. Auflage. Nürnberg: LSR.

Latour, Bruno (1996): *Der Berliner Schlüssel. Erkundungen eines Liebhabers der Wissenschaften*. Berlin. Akademie.

Latour, Bruno (1998): *Wir sind nie modern gewesen. Versuch einer symmetrischen Anthropologie*. Frankfurt am Main: Fischer.

Latour, Bruno (2006): »Technik ist stabilisierte Gesellschaft.« In: Andréa Belliger, David J. Krieger (Hg.): *ANThology. Ein einführendes Handbuch zur Akteur-Netzwerk-Theorie.* Bielefeld: transcript, S. 369-397.

Law, John (2006): »Monster, Maschinen und soziotechnische Beziehungen.« In: Andréa Belliger, David J. Krieger (Hg.): *ANThology. Ein einführendes Handbuch zur Akteur-Netzwerk-Theorie.* Bielefeld: transcript, S. 343-367.

Lem, Stanisław (1981/1964): *Summa technologiae.* Frankfurt am Main: Suhrkamp.

Lenk, Christian (2006): »Verbesserung als Selbstzweck? Psyche und Körper zwischen Abweichung, Norm und Optimum.« In: Johann Ach, Arnd Pollmann (Hg.): *No body is perfect. Baumaßnahmen am menschlichen Körper. Bioethische und ästhetische Aufrisse.* Bielefeld: transcript, S. 63-78.

Lenk, Christian (2007): »Is enhancement in sport really unfair? Arguments on the concept of competition and equality of opportunities.« In: *Sport, Ethics and Philosophy*, Heft 2, S. 218-228.

Lenzhofer, Karin (2006): *Chicks Rule! Die schönen neuen Heldinnen in US-amerikanischen Fernsehserien.* Bielefeld: transcript.

Lessenich, Stephan (2009): »Mobilität und Kontrolle. Zur Dialektik der Aktivgesellschaft.« In: Klaus Dörre, Stephan Lessenich, Hartmut Rosa: *Soziologie – Kapitalismus – Kritik. Eine Debatte.* Frankfurt am Main: Suhrkamp, S. 126-177.

Lévinas, Emmanuel (1992/1961): »Heidegger, Gagarin und wir.« In: Emmanuel Lévinas: *Schwierige Freiheit. Versuch über das Judentum.* Frankfurt am Main: Jüdischer Verlag, S. 173-176.

Lewin, Kurt (2006/1917): »Kriegslandschaft.« In: Jörg Dünne, Stephan Günzel (Hg.): *Raumtheorie. Grundlagentexte aus Philosophie und Kulturwissenschaften.* Frankfurt am Main: Suhrkamp, S. 129-140.

Ley, Stefan (2010): »Infanterist der Zukunft – Erweitertes System.« In: *Strategie & Technik*, Heft 11, S. 18-23.

Lindemann, Gesa (2008): »Lebendiger Körper – Technik – Gesellschaft.« In: Karl-Siegbert Rehberg (Hg.): *Die Natur der Gesellschaft: Verhandlungen des 33. Kongresses der Deutschen Gesellschaft für Soziologie in Kassel 2006.* Frankfurt am Main: Campus, S. 689-704.

Link, Jürgen (1998): *Versuch über den Normalismus. Wie Normalität produziert wird.* 2., aktualisierte und erweiterte Auflage. Opladen: Westdeutscher Verlag.

Löffelbein, Nils (2014): *Ehrenbürger der Nation. Die Kriegsbeschädigten des Ersten Weltkriegs in Politik und Propaganda des Nationalsozialismus.* Essen: Klartext.

Luhmann, Niklas (1974): »Symbiotische Mechanismen.« In: Otthein Rammstedt (Hg.): *Gewaltverhältnisse und die Ohnmacht der Kritik.* Frankfurt am Main 1974, S. 107-131.

Luhmann, Niklas (1990): *Die Wissenschaft der Gesellschaft.* Frankfurt am Main: Suhrkamp.

Makropoulos, Michael (1997): *Modernität und Kontingenz.* München: Fink.

Marsiske, Hans-Arthur (2005): *Heimat Weltall. Wohin soll die Raumfahrt führen?* Frankfurt am Main: Suhrkamp.

Marx, Karl (1962/1867): *Das Kapital. Kritik der politischen Ökonomie.* Band 1. MEW 23. Berlin: Dietz.

Marx, Karl / Engels, Friedrich (1959/1848): »Manifest der Kommunistischen Partei.« In: MEW 4. Berlin: Dietz, S. 459-493.

Marx, Leo (1964): *The Machine in the Garden. Technology and the pastoral Ideal in America.* London: Oxford University Press.

Maschke, Michael (2003): »Die sozioökonomische Lage behinderter Menschen in Deutschland.« In: Günther Cloerkes (Hg.): *Wie man behindert wird. Texte zur Konstruktion einer sozialen Rolle und zur Lebenssituation betroffener Menschen.* Heidelberg: Winter, S. 165-182.

McNamee, Mike (2007): »Whose prometheus? Transhumanism, biotechnology, and the moral topography of sports medicine.« In: *Sport, Ethics and Philosophy*, Heft 2, S. 181-194.

Meckel, Miriam (2010): »Geben wir dem Zufall eine Chance.« In: *Frankfurter Allgemeine Zeitung*, 15.05.2010, Nr. 111, S. 40.

Merton, Robert K. (1995): *Soziologische Theorie und Sozialstruktur.* Berlin: de Gruyter.

Meschnig, Alexander (2003): »Unternehme Dich selbst! Anmerkungen zum proteischen Charakter.« In: Alexander Meschnig, Mathias Stuhr (Hg.): *Arbeit als Lebensstil.* Frankfurt am Main: Suhrkamp, S. 26-43.

Meyburg, Dr. (1920): »Amputationen und Prothesen.« In: *Archiv für orthopädische und Unfall-Chirurgie*, Heft 3/4, S. 495-514.

Moebius, Stephan (2009): *Kultur*. Bielefeld: transcript.

Moravec, Hans (1993): »Den Menschen ersetzen?« In: *Stern*, Heft 12, 1993, S. 157.

Moravec, Hans (1996): »Körper, Roboter, Geist.« In: Stefan Iglhaut, Armin Medosch, Florian Rötzer (Hg.): *Stadt am Netz. Ansichten von Telepolis*. Mannheim: Bollmann, S. 91-117.

More, Max (1996): »Vom biologischen Menschen zum posthumanen Wesen.« In: *Telepolis*, 17.07.1996, www.heise.de/tp/

Mosse, George L. (1979): *Der nationalsozialistische Alltag. So lebte man unter Hitler*. Königstein: Athenäum.

Müller, Oliver (2010): *Zwischen Mensch und Maschine: Vom Glück und Unglück des Homo faber*. Berlin: Suhrkamp.

O'Neill, Gerard K. (1978): *Unsere Zukunft im Raum. Energiegewinnung und Siedlung im Weltraum*. Bern: Hallwag.

Orland, Barbara (2005): »Wo hören Körper auf und wo fängt Technik an? Historische Anmerkungen zu posthumanistischen Problemen.« In: Barbara Orland (Hg.): *Artifizielle Körper – Lebendige Technik. Technische Modellierungen des Körpers in historischer Perspektive*. Zürich: Chronos, S. 9-42.

Passig, Kathrin (2012): »Unsere Daten, unser Leben.« In: *Merkur*, Heft 5, S. 420-427.

Passig, Kathrin (2013): »Die Wir-Verwirrung. Kontextfusion und Konsensillusion.« In: *Merkur*, Heft 10/11, S. 1016-1023.

Planungsamt der Bundeswehr, Dezernat Zukunftsanalyse (2013): *Future Topic Human Enhancement – Eine neue Herausforderung für Streitkräfte?* Berlin: Bundesamt für Infrastruktur, Umweltschutz und Dienstleistungen der Bundeswehr.

Plessner, Helmuth (1953/1931): »Macht und menschliche Natur. Ein Versuch zur Anthropologie der geschichtlichen Weltansicht.« In: Helmuth Plessner: *Zwischen Philosophie und Gesellschaft. Ausgewählte Abhandlungen und Vorträge*. Bern: Francke, S. 241-317.

Plessner, Helmuth (1975/1928): *Die Stufen des Organischen und der Mensch. Einleitung in die philosophische Anthropologie*. 3. Auflage. Berlin: de Gruyter.

Plessner, Helmuth (1982/1941): »Lachen und Weinen. Eine Untersuchung der Grenzen menschlichen Verhaltens.« In: Hellmuth Plessner: *Gesammelte Schriften*. Band 7. Frankfurt am Main: Suhrkamp, S. 201-387.

Plessner, Helmuth (2002/1924): *Grenzen der Gemeinschaft. Eine Kritik des sozialen Radikalismus.* Frankfurt am Main: Suhrkamp.

Popitz, Heinrich (1992): *Phänomene der Macht.* 2., stark erweiterte Auflage. Tübingen: J.C.B. Mohr.

Popitz, Heinrich (1995): *Der Aufbruch zur Artifiziellen Gesellschaft. Zur Anthropologie der Technik.* Tübingen: J.C.B. Mohr.

Popitz, Heinrich (2000): *Wege der Kreativität.* 2., erweiterte Auflage. Tübingen: J.C.B. Mohr.

Popitz, Heinrich (2010): *Einführung in die Soziologie.* München: Fink.

Raspopovic, Stanisa et al. (2014): »Restoring Natural Sensory Feedback in Real-Time Bidirectional Hand Prostheses.« In: *Science Translational Medicine*, Heft 222, S. 19-22.

Riesman, David / Denney, Reuel / Glazer, Nathan (1958): *Die einsame Masse. Eine Untersuchung der Wandlungen des amerikanischen Charakters.* Hamburg: Rowohlt.

Rosa, Hartmut (2009): »Kapitalismus als Dynamisierungsspirale – Soziologie als Gesellschaftskritik.« In: Klaus Dörre, Stephan Lessenich, Hartmut Rosa: *Soziologie – Kapitalismus – Kritik. Eine Debatte.* Frankfurt am Main: Suhrkamp, S. 89-125.

Rosol, Christoph (2007): *RFID. Vom Ursprung einer (all)gegenwärtigen Kulturtechnologie.* Berlin: Kadmos.

Sandel, Michael J. (2008): »Beherrschung und Gabe. Plädoyer gegen die Perfektion.« In: *Die politische Meinung*, Heft 467, S. 26-32.

Schimank, Uwe (2004): »Das globalisierte Ich.« In: Gerd Nollmann, Hermann Strasser (Hg.): *Das individualisierte Ich in der modernen Gesellschaft.* Frankfurt am Main: Campus, S. 45-68.

Schmieder, Jürgen (2015): »›Ich will mich frei fühlen.‹ Technik für Menschen mit Behinderung.« In: *Süddeutsche.de*, 08.01.2015.

Schmitt, Carl (1988): *Die Wendung zum diskriminierenden Kriegsbegriff.* 2. Auflage. Berlin: Duncker & Humblot.

Schmitz, Hermann (2011): *Der Leib.* Berlin: de Gruyter.

Schneider, Werner (2005): »Der Prothesen-Körper als gesellschaftliches Grenzproblem.« In: Markus Schroer (Hg.): *Soziologie des Körpers.* Frankfurt am Main: Suhrkamp, S. 371-397.

Schrage, Dominik (2000): »Selbstentfaltung und künstliche Verwandtschaft. Vermenschlichung und Therapeutik in den Diskursen des Posthumanen.« In: Bernd Flessner (Hg.): *Nach dem Menschen. Der My-*

thos einer zweiten Schöpfung und das Entstehen einer posthumanen Kultur. Freiburg: Herder, S. 43-65.

Searle, John R. (1986): *Geist, Hirn und Wissenschaft.* Frankfurt am Main: Suhrkamp.

Searle, John R. (1990): »Is the Brain's Mind a Computer Program?« In: *Scientific American*, Heft 1, S. 26-31.

Serres, Michael (1993): *Die fünf Sinne. Eine Philosophie der Gemenge und Gemische.* Frankfurt am Main: Suhrkamp.

Singer, Peter Warren (2010): *Wired for war. The robotics revolution and conflict in the twenty-first century.* New York: Penguin Books.

Sobchack, Vivian (2004): *Carnal Thoughts. Embodiment and Moving Image Culture.* Berkeley: University of California Press.

Soldan, George (1925): *Der Mensch und die Schlacht der Zukunft.* Oldenburg: Stalling.

Spengler, Oswald (1933): *Jahre der Entscheidung. Deutschland und die weltgeschichtliche Entwicklung.* München: Beck.

Spielmann, Yvonne (2010): *Hybridkultur.* Berlin: Suhrkamp.

Spreen, Dierk (1995): »Mediensouveränität? Einige Zweifel am technisch-medialen Apriori.« In: *Die Neue Gesellschaft / Frankfurter Hefte*, Heft 11, S. 1023-1027.

Spreen, Dierk (1998): *Tausch, Technik, Krieg. Die Geburt der Gesellschaft aus dem technisch-medialen Apriori.* Hamburg: Argument.

Spreen, Dierk (2000): *Cyborgs und andere Techno-Körper. Ein Essay im Grenzbereich von Bios und Techne.* 2. Auflage. Passau: edfc.

Spreen, Dierk (2001): »Die Diskursstelle der Medien. Soziologische Perspektiven nach der Medientheorie.« In: Andreas Lösch, Dominik Schrage, Dierk Spreen, Markus Stauff (Hg.): *Technologien als Diskurse. Konstruktionen von Wissen, Medien und Körpern.* Heidelberg: Synchron, S. 21-40.

Spreen, Dierk (2008): *Krieg und Gesellschaft. Die Konstitutionsfunktion des Krieges für moderne Gesellschaften.* Berlin: Duncker & Humblot.

Spreen, Dierk (2010): »Was bedeutet die Rede von Machtdispositiven? Zum Verhältnis von Macht und Recht nach Michel Foucault.« In: *Ästhetik & Kommunikation*, Heft 151, S. 97-103.

Spreen, Dierk (2012a): »Jugend und gewalthaltige Massenkultur. Zur Soziologie der Unterhaltung und der Sozialisationsfunktion der Medien.« In: Jörg Hermann, Jörg Metelmann, Hans-Gerd Schwandt (Hg.): *Wissen sie, was sie tun? Zur filmischen Inszenierung jugendlicher Gewalt.* Marburg: Schüren, S. 16-48.

Spreen, Dierk (2012b) »Weltzivilgesellschaft und Gewalt. Ordnungskonstitutive Gewalt im Zeitalter des globalen Politischen.« In: Dierk Spreen, Trutz von Trotha (Hg.): *Krieg und Zivilgesellschaft.* Berlin: Duncker & Humblot, S. 33-93.

Spreen, Dierk (2014a): »Weltraum, Körper und Moderne. Eine soziologische Annäherung an den astronautischen Menschen und die Cyborggesellschaft.« In: Joachim Fischer, Dierk Spreen: *Soziologie der Weltraumfahrt.* Bielefeld 2014: transcript, S. 41-88.

Spreen, Dierk (2014b): »Die dritte Raumrevolution. Weltraumfahrt und Weltgesellschaft nach Carl Schmitt und Niklas Luhmann.« In: Joachim Fischer, Dierk Spreen: *Soziologie der Weltraumfahrt.* Bielefeld 2014: transcript, S. 89-127.

Tamburrini, Claudio M. / Tännsjö, Torbjörn (2007): »Transcending human limitations.« In: *Sport, Ethics and Philosophy*, Heft 2, S. 113-118.

Trotha, Trutz von (2010): »Vom Wandel des Gewaltmonopols oder der Aufstieg der präventiven Sicherheitsordnung.« In: *Kriminologisches Journal*, Heft 3, S. 218-234.

Turing, Alan M. (1987): *Intelligence Service. Schriften.* Berlin: Brinkmann & Bose.

Unterdorfer, Sylvia (2009): »Extrem! – Wo sind die Grenzen? Der Schnitt im Schritt – Designer-Vagina als neuester Trend.« In: Sylvia Unterdorfer, Maria Deutinger, Michaela Langer, Claudia Richter, Beate Wimmer-Puchinger (Hg): *Wahnsinnig schön. Schönheitssucht, Jugendwahn & Körperkult.* Wien: Goldegg, S. 211-218.

Villa, Paula-Irene (2008a) (Hg.): *Schön normal. Manipulationen am Körper als Technologien des Selbst.* Bielefeld: transcript.

Villa, Paula-Irene (2008b): »Einleitung – Wider die Rede vom Äußerlichen.« In: Paula-Irene Villa (Hg.): *Schön normal. Manipulationen am Körper als Technologien des Selbst.* Bielefeld: transcript, S. 7-18.

Villiers de l'Isle-Adam, Jean-Marie (1984/1886): *Die Eva der Zukunft.* Deutsch von Annette Kolb. Mit einem Nachwort von Peter Gendolla. Frankfurt am Main: Suhrkamp.

Virilio, Paul (1994): *Die Eroberung des Körpers. Vom Übermenschen zum überreizten Menschen.* München: Hanser.

Waldschmidt, Anne / Schneider, Werner (Hg.) (2007): *Disability Studies, Kultursoziologie und Soziologie der Behinderung. Erkundungen in einem neuen Forschungsfeld.* Bielefeld: transcript.

Weber, Max (1985): *Wirtschaft und Gesellschaft. Grundriss der verstehenden Soziologie.* Fünfte, revidierte Auflage, besorgt von Johannes Winckelmann. Studienausgabe. Tübingen: J.C.B. Mohr.

Weiss, Lora G. (2012): »Autonome Roboter im Nebel des Krieges.« In: Hans-Arthur Marsiske (Hg.): *Kriegsmaschinen. Roboter im Militäreinsatz.* Hannover: Heise, S. 163-173.

Wells, Herbert George (1974/1898): *Der Krieg der Welten.* Zürich: Diogenes.

Wenner, Stefanie (2002): »Unversehrter Leib im ›Reich der Zwecke‹. Zur Genealogie des Cyborgs.« In: Annette Barkhaus, Anne Fleig (Hg.): *Grenzverläufe. Der Körper als Schnitt-Stelle.* München: Fink, S. 83-100.

Werckmeister, Otto K. (1989): *Zitadellenkultur. Die schöne Kunst des Untergangs in der Kultur der achtziger Jahre.* München: Hanser.

Wiener, Norbert (1964): *Mensch und Menschmaschine. Kybernetik und Gesellschaft.* Frankfurt am Main: Athenäum.

Wiener, Oswald (1969): *Die Verbesserung von Mitteleuropa, Roman.* Reinbek: Rowohlt.

Zeh, Juli (2009): *Corpus Delicti. Ein Prozess.* Frankfurt am Main: Schöffling & Co.

Zoglauer, Thomas (2003): »Der Mensch als Cyborg? Philosophische Probleme der Neuroprothetik.« In: *Universitas*, Heft 12, S. 1267-1278.

Mottonachweise

1. Einleitung: Haraway 1995: 34.
2. Maschine: Villiers l'Isle-Adam 1984: 83.
3. Cyborg: Gibson 1996: 70.
4. Erweiterte Realität: www.google.com 2014.
5. Prothese: Kienitz 2001: 228, Kienitz 2008: 313.
6. Krieg: Jünger 1921: 2.
7. Weltraum: Ciolkovskij 1977: 102.
8. Science-Fiction: Freyer 1936: 11.
9. Normalisierung: Sandel 2008: 27.
10. Sozialtheorie: Zeh 2009: 158.

X-Texte zu Kultur und Gesellschaft

Uwe Becker
Die Inklusionslüge
Behinderung im flexiblen Kapitalismus

April 2015, 208 Seiten, kart., 19,99 €,
ISBN 978-3-8376-3056-5

Fatima El-Tayeb
Undeutsch
Die Konstruktion des Anderen in
der postmigrantischen Gesellschaft

Januar 2016, ca. 130 Seiten, kart., ca. 16,99 €,
ISBN 978-3-8376-3074-9

Lars Geiges, Stine Marg, Franz Walter
Pegida
Die schmutzige Seite der Zivilgesellschaft?

März 2015, 208 Seiten, kart., farb. Abb., 19,99 €,
ISBN 978-3-8376-3192-0

Leseproben, weitere Informationen und Bestellmöglichkeiten finden Sie unter www.transcript-verlag.de

X-Texte zu Kultur und Gesellschaft

Les Convivialistes
Das konvivialistische Manifest
Für eine neue Kunst des Zusammenlebens
(herausgegeben von Frank Adloff und Claus Leggewie in Zusammenarbeit mit dem Käte Hamburger Kolleg/Centre for Global Cooperation Research Duisburg, übersetzt aus dem Französischen von Eva Moldenhauer)

2014, 80 Seiten, kart., 7,99 €,
ISBN 978-3-8376-2898-2

Peter Mörtenböck, Helge Mooshammer
Occupy
Räume des Protests

2012, 200 Seiten, kart., 18,80 €,
ISBN 978-3-8376-2163-1

Gabriele Winker
Care Revolution
Schritte in eine solidarische Gesellschaft

März 2015, 208 Seiten, kart., 11,99 €,
ISBN 978-3-8376-3040-4

Leseproben, weitere Informationen und Bestellmöglichkeiten finden Sie unter www.transcript-verlag.de